Ce que personne ne vous a jamais dit sur l'analyse technique et chartiste

CE QUE PERSONNE NE VOUS A JAMAIS DIT SUR
L´ANALYSE TECHNIQUE ET CHARTISTE

Ne faites pas les mêmes erreurs que 90% des "nouveaux traders"

DÉDICACE

À nos épouses, filles, mères et sœurs;
ces femmes qui ont tant influencé nos vies.

Table des matières

Chapitre 2 : Démystification de l'Analyse Technique et Chartiste 78

Chapitre 3 : Le Pouvoir des Graphiques et des Modèles de Prix 95

LISTE DES FIGURES

À propos des auteurs

Liam Kim Admund

Liam Kim Admund est passionné par la finance et la psychologie de l'investisseur. Ses nombreuses années d'expérience dans le monde financier et son profond intérêt pour le comportement humain dans le domaine de l'investissement l'ont transformé en un expert de l'analyse technique et chartiste.

Au cours de sa carrière dans le secteur bancaire, Liam a occupé plusieurs postes à responsabilités, tant dans la direction financière-commerciale que dans la gestion des ressources humaines. Cette diversité de rôles lui a procuré une compréhension approfondie des aspects techniques et humains des investissements, le conduisant à explorer et maîtriser l'analyse technique.

Liam est également un passionné d'apprentissage continu. Son amour pour la connaissance l'a poussé à étudier une grande variété de disciplines, de l'architecture à la philosophie, en passant par la psychologie et les sciences commerciales. Cette éducation pluridisciplinaire lui confère une perspective particulière sur le monde de la finance et de l'investissement.

En tant qu'enthousiaste de golf, de nautisme, de musique et de peinture, Liam Kim Admund trouve de nombreuses connexions entre ses passions personnelles et son travail en analyse technique et chartiste. La patience et la discipline requises dans ces sports et activités artistiques se reflètent dans son approche méthodique des marchés financiers.

Lucian Andreadis

Lucian Andreadis est un expert en analyse technique et chartiste, avec une passion inébranlable pour les marchés financiers. Son dévouement et son habileté dans ces analyses financières l'ont transformé en spécialiste du trading.

Lucian a passé des décennies à étudier les modèles de prix, les graphiques et les ratios. Sa connaissance approfondie du chartisme lui a permis de développer des stratégies de trading efficaces et une incroyable logique spatiale, qui se sont révélées fructueuses dans une grande variété de marchés.

Lucian est resté à la pointe de l'évolution financière, surtout dans le monde passionnant des cryptomonnaies. Sa capacité à appliquer des techniques d'analyse technique à ces nouvelles classes d'actifs en a fait une référence dans la communauté des investisseurs en cryptomonnaies.

En tant que fervent de la technologie et des données, Lucian Andreadis se distingue par son approche méticuleuse et sa capacité à décomposer des informations complexes en analyses techniques accessibles et applicables. Ses méthodes d'analyse technique ont été cruciales pour prendre des décisions éclairées dans des marchés en constante évolution.

Outre sa passion pour les marchés financiers et les cryptomonnaies, il apprécie la pêche, le surf et le golf, cette dernière activité qu'il partage avec son ami et coauteur du livre Liam Kim Admund.

L'idée de réunir leurs connaissances pour les mettre au service de la société des investisseurs techniques est née lors d'une partie de golf entre les deux. Liam Kim Admund et Lucian Andreadis, amoureux de la fusion de l'analyse technique, du chartisme et de la compréhension approfondie de la psychologie du marché, ont canalisé leur enthousiasme et leur dévouement dans la création de ce livre. Leur objectif va au-delà de la simple transmission de connaissances; ils sont déterminés à fournir aux lecteurs un outil qui non seulement informe, mais aussi inspire et habilite.

À travers les pages de cette œuvre, Lucian et Liam se lancent dans une mission d'efficacité, partageant les concepts, les stratégies et les leçons tirées de leurs propres voyages dans le monde du trading.

Leur enthousiasme réside dans la profonde conviction que chaque lecteur peut non seulement comprendre les aspects complexes de l'analyse technique et du chartisme, mais aussi appliquer des principes psychologiques solides pour prendre des décisions financières plus réfléchies et conscientes.

Ce livre est plus qu'une compilation de théories et de graphiques; c'est une invitation à un voyage commun, où les auteurs guident les lecteurs à travers les défis émotionnels du marché et partagent comment surmonter les pièges courants.

Lucian et Liam cherchent à cultiver la confiance de leurs lecteurs, en leur fournissant les outils nécessaires pour prendre des décisions financières audacieuses et stratégiques. La passion de Lucian et Liam pour donner confiance aux individus dans le domaine financier se reflète dans chaque mot de ce livre.

Leur espoir est que, en partageant leur expérience et leur connaissance de manière accessible et captivante, les lecteurs acquièrent non seulement des compétences techniques et chartistes, mais développent également l'acuité émotionnelle nécessaire pour prospérer dans le monde changeant du trading.

Prologue des auteurs

Le monde du trading et des investissements est un univers passionnant, regorgeant d'opportunités et de défis. Pour réussir dans ce voyage financier excitant, vous devez vous armer de connaissances, de compétences et d'une forte dose de détermination. C'est pourquoi ce livre, "Ce Que Personne ne Vous a Jamais Dit sur l'Analyse Technique et le Chartisme", est si précieux.

Dans ces pages, vous vous embarquerez dans un voyage de découverte des secrets de l'analyse technique et du chartisme, deux des outils les plus puissants pour comprendre et prédire les mouvements des marchés financiers.

Peu importe que vous soyez un investisseur débutant ou un trader expérimenté ; ce livre vous fournira des connaissances essentielles et avancées qui peuvent vous aider à atteindre vos objectifs financiers. L'analyse technique et le chartisme, c'est plus que simplement regarder des graphiques et des motifs. C'est un art qui implique de comprendre la psychologie des investisseurs, d'interpréter les données et de prendre des décisions éclairées.

Tout au long de ce livre, nous vous guiderons à travers des concepts clés, des motifs de prix, des stratégies de trading efficaces et, plus important encore, nous vous aiderons à développer la mentalité nécessaire pour réussir dans ce monde passionnant.

Mais ce livre ne se limite pas aux techniques traditionnelles. Nous explorerons également leur application dans le monde passionnant des cryptomonnaies, un marché en constante évolution qui offre des opportunités uniques à ceux qui sont prêts à apprendre et à s'adapter.

Vous ne deviendrez pas un expert en analyse technique et chartiste, un spécialiste qui maîtrise plus de trois cents indicateurs techniques et connaît toutes les figures chartistes, ce n'est pas possible avec un seul livre et en peu de temps. Non, ce n'est pas notre intention. Nous voulons que lorsque vous aurez terminé de lire ce livre, vous ayez une compréhension claire des notions de base nécessaires pour évoluer dans le monde du trading, où la mentalité prime. Il ne vous servira à rien d'être une encyclopédie ambulante si vous ne savez pas gérer les situations, les circonstances.

N'ayez pas de rêves de Lamborghinis ni de luxueuses maisons, ne jouez pas à la loterie. Ce n'est pas l'objectif de ce livre. Nous allons vous guider montés sur des chevaux appelés conscience et prudence. Si vous suivez les étapes que nous vous indiquerons, vous progresserez et gagnerez en confiance dans votre démarche, dans votre marche. Vous irez de plus en plus vite, vous commencerez par le début, avec une bonne lettre. Oubliez ces rumeurs d'argent facile, celles qui vous promettent que avec 200 dollars ou euros vous deviendrez millionnaire en un mois. Le trading n'est pas cela, c'est un travail constant, quotidien, et très difficile. Mais c'est très enrichissant et gratifiant si vous suivez les directives et utilisez les armes appropriées.

À mesure que vous avancerez dans votre lecture, vous vous retrouverez à défier les mythes courants, à développer la discipline mentale nécessaire et à créer votre propre plan de trading solide.
De plus, vous découvrirez comment rester calme au milieu de la volatilité et comment prendre des décisions basées sur des données plutôt que sur des émotions.

Ce livre n'est pas seulement un guide, c'est un compagnon dans votre voyage vers le succès financier. Il vous inspirera à continuer d'apprendre, à explorer de nouvelles stratégies et à perfectionner vos compétences. Le savoir, c'est le pouvoir, et lorsqu'il est combiné avec la détermination, il devient le chemin vers l'indépendance financière.
Vous êtes sur le point de plonger dans un monde d'opportunités financières. Alors préparez-vous pour un excitant voyage de découverte et d'apprentissage.

Ouvrez les pages de ce livre et permettez à "Ce Que Personne ne Vous a Jamais Dit sur l'Analyse Technique et le Chartisme" de vous guider sur votre chemin vers le succès dans le trading et les investissements.

À qui s'adresse ce livre?

Ce livre convient à tous ceux qui s'intéressent à l'analyse technique et chartiste, en particulier à ceux qui souhaitent comprendre les aspects émotionnels et psychologiques du trading. Le contenu est également attrayant pour ceux qui explorent le monde des cryptomonnaies.

Si vous appartenez à l'un des groupes mentionnés ci-dessous, soyez assuré que ce livre est fait pour vous:

1. **Investisseurs et traders débutants:** Ceux qui commencent dans le monde du trading et veulent un guide complet couvrant à la fois les aspects techniques et émotionnels.
2. **Traders expérimentés:** Les personnes qui cherchent à perfectionner leurs compétences et à approfondir l'analyse technique, en particulier dans le contexte des cryptomonnaies.
3. **Enthousiastes des cryptomonnaies:** Ce livre inclut du contenu sur les contrats intelligents, les jetons non fongibles et l'analyse technique appliquée aux cryptomonnaies, attirant ainsi ceux qui veulent mieux comprendre ce marché en évolution.
4. **Intéressés par la psychologie du trading:** Ceux qui sont intrigués par la connexion entre les émotions et les décisions financières trouveront précieux l'approche psychologique du livre.

Bien sûr, vous faites partie d'un de ces groupes, voire plusieurs.

Introduction

Vous avez pris l'initiative d'acquérir un livre qui vous emmènera dans un voyage financier complètement nouveau, révélant des secrets rarement partagés dans le monde de l'analyse technique et chartiste.

Bienvenue dans "Ce que Personne ne Vous a Dit sur l'Analyse Technique et Chartiste", un livre qui n'est pas seulement informatif, mais aussi transformateur. Pourquoi est-il différent? Parce qu'ici, vous trouverez non seulement des connaissances techniques, mais aussi la motivation pour les appliquer de manière efficace et atteindre vos objectifs financiers.

Les outils techniques et chartistes peuvent être trouvés dans n'importe quel manuel avec un minimum de fiabilité, il en existe des millions de nos jours. Ce que vous ne trouverez pas, ce sont les conseils que nous vous donnons dans ces pages, comment aborder psychologiquement chaque situation pour ne pas perdre votre calme, pour ne pas vous laisser emporter et succomber dans l'effort. Ni l'euphorie ni le découragement ne sont des compagnons bienvenus dans cette aventure que nous commençons. Soyez conscient de cela.

Nous allons vous donner quelques notions sur les principales techniques pour comprendre comment le marché évolue, mais posez-vous une question: est-il possible que le marché soit agité de manière volontaire, car il sait qu'il y a tellement de personnes "compétentes" en analyse graphique qui peut-être, juste peut-être, attendent qu'elles agissent conformément à des règles strictes et définies par la théorie? Les bots ou ces extraterrestres dédiés à l'achat-vente en quelques secondes peuvent-ils manipuler le marché à leur guise? Aujourd'hui, l'analyse technique est à la mode et nous trouvons des milliers de YouTubers, podcaster et TikTokers très compétents, ayant des connaissances sur le sujet.

Cela peut être une raison de profiter de la situation et d'agir contre le marché. Nous ne disons pas que c'est le cas, au contraire, nous soutenons les prévisions que nous donnent l'analyse technique et chartiste, mais l'approche de ce livre est différente.

Nous allons envisager que certaines "baleines" profitent de cette facilité émotionnelle du grand public, en utilisant l'analyse graphique et technique. Cela ne vous est pas raconté dans d'autres livres. C'est peut-être une méfiance extrême, basée sur notre expérience dans ce domaine depuis près de quarante ans et sur notre vision de l'évolution de la technologie, avec l'intelligence artificielle en tête.

Ce livre va vous entraîner à ne pas faire confiance, à être rapide ou patient, selon la situation du marché, à savoir si vous devez rester dedans ou sortir immédiatement.

Il y a un ancien dicton qui n'a pas changé et c'est: "que le dernier sou soit pris par un autre". Ce commandement date du temps où on fonctionnait avec le franc, au siècle dernier, quand certains d'entre vous n'étaient même pas encore nés. Maintenant, si vous le souhaitez, nous pouvons le remplacer par des euros ou des dollars, ou des satoshis. Ce dicton, largement utilisé dans le jargon boursier, ce grand conseil, est essentiel que vous l'intégriez dans votre idiosyncrasie.

Invitation au Voyage de la Connaissance

Aujourd'hui, vous êtes sur le seuil d'une transformation financière. Imaginez qu'une porte se trouve devant vous. Une porte qui s'ouvre sur un monde plein d'opportunités et de secrets financiers. Cette porte est ce livre: "Ce que Personne ne Vous a Dit sur l'Analyse Technique et Chartiste". Nous vous lançons une invitation spéciale à franchir ce seuil et à explorer un trésor de connaissances rarement partagées. Ce n'est pas un livre technique ennuyeux. Ce n'est pas simplement une compilation de formules et de graphiques. Ce livre est une boussole, un guide qui vous mènera vers le succès financier. Il est conçu pour vous, que vous soyez novice dans le monde des investissements ou un expert cherchant à perfectionner ses compétences. Notre objectif est clair : vous aider à atteindre vos objectifs financiers et vous fournir les outils pour vous frayer un chemin vers la richesse et l'indépendance économique.

Tout au long de ces pages, vous n'apprendrez pas seulement sur l'analyse technique et chartiste, mais nous vous motiverons, vous guiderons et vous donnerons les moyens. Le trading et l'investissement peuvent être difficiles, mais nous sommes là pour nous assurer que vous compreniez non seulement, mais que vous appliquiez cela dans votre vie financière.

La motivation sera votre compagne constante dans ce voyage. Alors, êtes-vous prêt à ouvrir cette porte? Êtes-vous prêt à vous aventurer dans un monde de possibilités financières que vous n'avez jamais imaginées? Alors laissez-moi vous dire : bienvenue au voyage de la connaissance!

Révéler le Secret le Mieux Gardé

L'analyse technique et chartiste est un pilier dans le monde des investissements, mais vous êtes-vous déjà demandé si l'on vous raconte toute l'histoire? La réalité est que la plupart des livres et des cours d'analyse technique se concentrent uniquement sur les formules et les graphiques, mais nous allons plus loin.

Nous avons pensé à former votre esprit, en rappelant et en répétant des informations importantes, pour que votre "subconscient" intègre progressivement les notions de base nécessaires pour pouvoir "trader".

Découvrir le But

Ce livre est une promesse, une promesse de transformer votre relation avec l'argent, de révolutionner votre approche des investissements et de vous ouvrir la voie vers un avenir économique plus radieux. Ces pages regorgent de connaissances essentielles qui vous permettront de prendre des décisions justes dans le monde excitant du trading et de l'investissement. Ce n'est pas seulement un manuel technique, c'est une feuille de route pour votre succès financier.

Notre objectif est clair: vous aider à atteindre vos objectifs financiers et vous fournir les outils pour vous frayer un chemin vers la richesse et l'indépendance économique.

À la fin de ce voyage, vous comprendrez non seulement les détails complexes de l'analyse technique et chartiste, mais vous serez également équipé de la confiance et des connaissances nécessaires pour appliquer ces principes à vos investissements.

Nous nous assurerons que vous sortiez de ces pages avec une compréhension solide et une impulsion inébranlable pour tirer le meilleur parti de votre potentiel financier. Alors, êtes-vous prêt à vous engager dans cette traversée? Êtes-vous prêt à embrasser la transformation que ces pages ont réservée pour vous?

Rompre les Barrières Mentales

L'une des clés qui font de ce livre quelque chose de différent est son approche pour démystifier l'analyse technique et chartiste. Ici, vous apprendrez non seulement les techniques, mais vous explorerez également la psychologie de l'investisseur et comment elle peut influencer vos décisions. Pourquoi est-ce important? Parce que les barrières mentales sont souvent ce qui nous empêche de tirer pleinement parti de l'analyse technique. Ces informations que nous avançons dans l'introduction, et que nous analyserons par la suite, sont extrêmement importantes lors de l'investissement dans des valeurs.

Outils Avancés à Portée de Main

Un autre aspect qui distingue ce livre est l'introduction à des outils avancés rarement trouvés dans d'autres œuvres. Tout au long de ces pages, vous apprendrez non seulement à appliquer des motifs et des graphiques, mais vous explorerez également des outils qui vous permettront de prendre des décisions d'investissement plus fondées.

Nous vous présentons des outils avancés qui vous permettront d'aller au-delà du basique. Vous apprendrez à utiliser efficacement les indicateurs techniques et à intégrer l'analyse fondamentale dans votre approche. Nous vous donnerons les clés pour développer un ensemble de compétences qui vous démarqueront en tant qu'investisseur.

Motivation pour le Succès

Enfin, ce qui rend "Ce que Personne ne Vous a Dit sur l'Analyse Technique et Chartiste" vraiment spécial, c'est la motivation constante que vous trouverez à chaque chapitre. Nous savons que le trading peut être difficile, mais nous sommes là pour nous assurer que vous n'apprenez pas seulement, mais que vous vous sentez également inspiré à appliquer ce que vous apprenez dans votre parcours financier. Préparez-vous à un voyage de découverte et de transformation.

L'Analyse Technique comme Clé du Succès

L'analyse technique est un outil puissant pour les investisseurs et les traders. Cependant, il est important de reconnaître que tout ce que vous devez savoir ne se trouve pas à la surface. Les concepts clés et les approches puissantes sont souvent négligés et peuvent faire la différence dans vos résultats financiers.

Défier les Mythes Courants

Dans ce livre, nous défions les mythes courants entourant l'analyse technique et chartiste. L'un des plus grands mythes est qu'il s'agit uniquement de motifs et de graphiques. La vérité est que l'analyse technique est bien plus que cela. Il s'agit de comprendre les tendances du marché, d'anticiper les mouvements de prix et de prendre des décisions au bon moment.

La Psychologie de l'Investisseur

Un autre aspect crucial que nous abordons est la psychologie de l'investisseur et sa relation avec l'analyse technique. Comprendre comment les émotions peuvent influencer vos décisions d'investissement est fondamental. Nous ne vous donnerons pas seulement les outils techniques, mais aussi la perspicacité pour rester émotionnellement équilibré dans le monde du trading.

Le Pouvoir de la Motivation

Enfin, mais non le moindre, ce livre vous motivera à devenir un trader et un investisseur réussi. Chaque chapitre est conçu non seulement pour vous éduquer, mais aussi pour vous inspirer. Nous voulons que vous soyez prêt à prendre des décisions financières.

Prêt à Transformer votre Avenir Financier?

Nous vous conseillons de garder ce livre à portée de main et de le consulter régulièrement. Ne le forcez pas et ne cherchez pas à le lire d'un seul coup. Ce manuel est fait pour être introduit progressivement dans notre esprit. Peu importe si vous pensez vous répéter encore et encore. C'est une méthode que nous croyons être très efficace. À mesure que nous avançons dans ce voyage d'apprentissage et de découverte, nous vous encourageons à garder toujours à l'esprit l'objectif final : transformer votre avenir financier, mais surtout, être conscient de ce que signifie la prise de décision.

La Clé du Changement

La clé de cette transformation réside dans votre capacité à assimiler les connaissances partagées ici et à les appliquer à vos décisions d'investissement.

Savoir est une chose, mais agir est ce qui fait vraiment la différence. Tout au long de ces pages, nous vous fournirons les outils et le stimulus nécessaires pour que vous puissiez prendre des mesures concrètes.

Combler le Fossé entre Connaissance et Action

Le fossé entre la connaissance et l'action est là où beaucoup d'investisseurs restent bloqués. Cependant, ici, vous trouverez non seulement des théories, mais aussi des exemples pratiques, des études de cas et des exercices qui vous aideront à traduire la connaissance en résultats financiers tangibles.La Réussite se Construit Pas à Pas
Rappelle-toi que le succès financier n'arrive pas du jour au lendemain. C'est le résultat de décisions cohérentes et bien informées au fil du temps. Nous t'encourageons à t'engager à continuer d'apprendre et d'appliquer ces principes, et nous te garantissons qu'avec le temps, tu verras les fruits de tes efforts.

Invitation à Explorer et Rêver en Grand

Au fur et à mesure que tu avances dans la lecture, nous t'invitons non seulement à explorer les leçons de ce livre, mais aussi à rêver en grand. Les opportunités dans le monde du trading et de l'investissement sont vastes, et avec la connaissance appropriée, tu peux atteindre tes objectifs financiers et vivre la vie que tu désires.

Le Début de ton Voyage

Ce livre marque le début de ton parcours vers le succès financier. Tu es sur le point de découvrir des secrets que peu de gens connaissent et de les appliquer sur ton chemin vers l'indépendance économique. Alors, es-tu prêt à commencer?
Il est temps de transformer ton avenir financier et de libérer ton véritable potentiel dans le monde de l'analyse technique et chartiste!

Chapitre 1: Introduction à l'Analyse Technique et Chartiste

Par Lucian Andreadis

Fondements de l'Analyse Technique

Nous commençons notre voyage en explorant les fondements de l'analyse technique, un pilier essentiel dans le monde des investissements. Vous découvrirez comment l'analyse technique vous offre une perspective unique pour voir le marché financier et prendre des décisions de manière raisonnée et éclairée. Tout au long de ce chapitre, vous plongerez dans les bases de l'analyse technique et son importance dans le trading.

L'analyse technique est une discipline qui repose sur la prémisse fondamentale selon laquelle le prix d'un actif reflète toutes les informations disponibles sur le marché. En d'autres termes, toutes les informations publiques, les nouvelles, les événements et les facteurs économiques sont déjà reflétés dans les prix du marché, sur les graphiques. Les analystes techniques sont convaincus que, en étudiant l'historique des prix et les motifs qui se forment, il est possible d'anticiper les mouvements futurs des prix. Dans l'analyse technique et chartiste, des outils tels que les graphiques et les indicateurs sont utilisés pour examiner et prévoir les tendances du marché. Il est important de différencier l'analyse graphique ou le chartisme de l'analyse technique ou instrumentale.

Le premier se base sur des graphiques et étudie principalement des motifs, que le prix ou le concept que nous analysons dessine, reliant les données d'une date à une autre à l'aide de lignes, de barres ou de bougies; nous verrons cela plus tard. L'analyse technique étudie des formules statistiques basées sur le passé des données à analyser, que ce soit le prix, le volume ou autre. Ces formules sont appelées instruments ou indicateurs techniques, et la grande majorité peut également être représentée graphiquement, ce qui combine l'analyse graphique et technique. La combinaison de ces deux types d'analyses pour exécuter nos opérations est ce qu'il y a de plus intéressant.

L'analyse conjointe se concentre principalement sur le prix et le volume d'un actif, ainsi que sur des schémas spécifiques qui se répètent sur les graphiques. Cela permet d'identifier des opportunités d'achat ou de vente en fonction de l'interprétation de ces schémas.

L'analyse technique se concentre sur ce qui s'est passé sur le marché plutôt que sur pourquoi cela s'est produit. Cela le distingue de l'analyse fondamentale, qui se concentre sur les fondamentaux sous-jacents d'un actif, tels que les revenus, les bénéfices et les facteurs économiques. L'analyse technique et chartiste repose sur l'idée que les prix évoluent selon des tendances, et en identifiant et en suivant ces tendances, les investisseurs peuvent prendre des décisions plus opportunes. Désormais, en parlant d'analyse technique, nous inclurons le chartisme, réduisant ainsi les concepts narratifs.

Outils de Base de l'Analyse Technique

Une des outils les plus basiques de l'analyse technique est le graphique des prix. Ces graphiques représentent l'évolution des prix d'un actif sur une période déterminée. Les deux principaux types de graphiques utilisés dans l'analyse technique sont les graphiques en ligne et les graphiques en bougies.

Les graphiques en bougies fournissent des informations supplémentaires sur la relation entre les prix d'ouverture et de clôture, ainsi que les prix les plus hauts et les plus bas au cours d'une période. En plus des graphiques, les analystes techniques utilisent également des indicateurs techniques. Ces indicateurs sont des formules mathématiques appliquées aux données de prix et de volume pour fournir des informations supplémentaires sur la direction de la tendance, la force de la tendance et les niveaux de surachat ou de survente. Quelques exemples courants d'indicateurs techniques incluent le RSI (indice de force relative), le MACD (convergence et divergence des moyennes mobiles) et les moyennes mobiles.

Le Concept de Tendance

Le concept de tendance est central dans l'analyse technique. Une tendance sur le marché se réfère à la direction générale dans laquelle les prix d'un actif se déplacent pendant une période donnée. Il existe trois types principaux de tendances:

1. **Tendance Haussière**: Dans une tendance haussière, les prix ont tendance à monter avec des creux plus élevés et des sommets plus élevés. Cela indique un optimisme sur le marché et la conviction que l'actif prend de la valeur.
2. **Tendance Baissière** : Dans une tendance baissière, les prix ont tendance à descendre avec des sommets plus bas et des creux plus bas. Cela indique un pessimisme sur le marché et la conviction que l'actif perd de la valeur.
3. **Tendance Latérale** (ou Gamme) : Dans une tendance latérale, les prix fluctuent dans une plage horizontale sans direction claire. Cela peut refléter un marché indécis ou en équilibre. L'analyse technique repose sur la prémisse selon laquelle "la tendance est ton amie". Les analystes techniques cherchent à identifier et à suivre les tendances pour prendre des décisions d'achat ou de vente. Une fois qu'une tendance est reconnue, les investisseurs peuvent utiliser divers outils et techniques pour déterminer quand des mouvements favorables sont plus susceptibles de se produire.

Psychologie du Marché

La psychologie du marché est un aspect crucial de l'analyse technique. Elle repose sur l'idée que les émotions et les comportements des investisseurs se reflètent dans les mouvements des prix. Dans l'analyse technique, on considère souvent que les investisseurs agissent de manière impulsive en raison d'émotions telles que la peur et la cupidité.

La peur peut entraîner une vente massive lorsque les investisseurs craignent des pertes, ce qui peut conduire à une tendance baissière. La cupidité, d'autre part, peut entraîner un achat excessif lorsque les investisseurs recherchent des gains rapides, ce qui peut stimuler une tendance haussière. Les motifs et les formations sur les graphiques de prix sont souvent expliqués en termes de psychologie du marché. Par exemple, un "double sommet" pourrait indiquer que les investisseurs vendent lorsque le prix atteint un certain niveau en raison de la crainte qu'il ne monte plus. Comprendre la psychologie du marché est essentiel pour anticiper les mouvements des prix et prendre des décisions de trading éclairées.

Le Pouvoir des Graphiques dans le Trading

Nous voulons que tu plonges dans le pouvoir des graphiques dans le monde du trading. Tu apprendras comment ces graphiques te permettent de visualiser des motifs, des tendances et des opportunités sur le marché. Tu verras des exemples concrets de la manière dont les traders utilisent les graphiques pour prendre des décisions bien fondées et profiter des mouvements de prix.

Comment Utiliser les Graphiques en Bougies

Les graphiques en bougies sont un outil crucial dans l'analyse technique. Sur cette page, nous t'expliquerons en détail comment ils fonctionnent et comment les interpréter. Les graphiques en bougies fournissent des informations sur les prix d'ouverture, de clôture, les plus hauts et les plus bas de manière visuelle. Tu apprendras à reconnaître des motifs de bougies courants, tels que le marteau, l'étoile filante et le doji, et comment ils peuvent fournir des signaux sur des changements possibles dans la direction des prix.
Ils sont l'un des outils les plus puissants de l'analyse technique et jouent un rôle essentiel dans les compétences de tout trader. Ensuite, je te guiderai à travers l'utilisation des graphiques en bougies pour mieux comprendre l'action des prix. Sois attentif aux concepts, qui sont concis, simples et fondamentaux, pour que l'apprentissage soit agréable et conforme à notre philosophie d'enseignement.

Comprendre l'Anatomie d'une Bougie

Chaque bougie se compose de plusieurs éléments clés:

- *Corps de la Bougie*: C'est la partie épaisse de la bougie, représentant la différence entre le prix d'ouverture et le prix de clôture pendant une période spécifique. Si le prix de clôture est plus élevé que le prix d'ouverture, le corps de la bougie est haussier et généralement affiché en vert ou blanc. Si le prix de clôture est plus bas que le prix d'ouverture, le corps de la bougie est baissier et généralement affiché en rouge ou noir.
- *Mèches (ou Ombres)*: Ce sont les lignes plus fines qui s'étendent au-dessus et en dessous du corps de la bougie. La mèche supérieure représente le prix maximum atteint pendant la période, tandis que la mèche inférieure représente le prix minimum.
- *Prix d'Ouverture et de Clôture*: Ces valeurs sont fondamentales pour interpréter une bougie. Le prix d'ouverture est le point de départ de la bougie, et le prix de clôture est l'endroit où elle se termine. En observant si le prix de clôture est au-dessus ou en dessous du prix d'ouverture, tu peux déterminer si la bougie est haussière ou baissière.

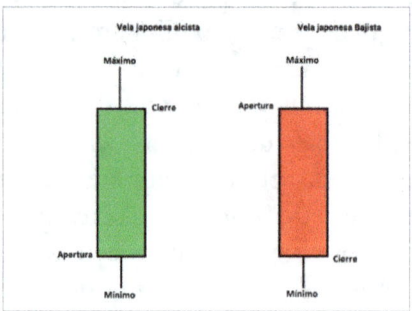

Figure 1. Bougies Haussière et Baissière

Les graphiques en bougies offrent une variété de motifs que les traders utilisent pour prévoir les mouvements futurs. Quelques motifs courants comprennent:

- *Marteau*: Un petit corps près du haut de la bougie avec une longue mèche inférieure. Indique une possible inversion haussière après une tendance baissière.

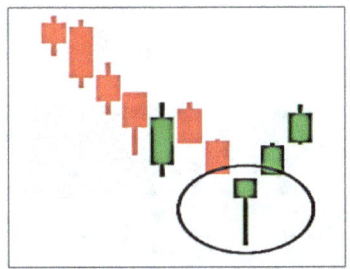

Figure 2. Marteau

Fais un exercice d'entraînement, recherche le marteau sur le graphique suivant :

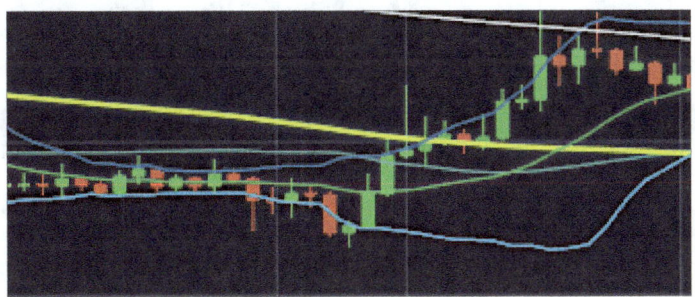

Figure 3. Graphique en Bougies. Marteau

• *Étoile Filante*: Similaire au marteau, mais apparaît après une tendance haussière. Suggère une possible inversion baissière.

Figure 4. Étoile Filante

De même, recherche l'étoile filante sur le graphique suivant :

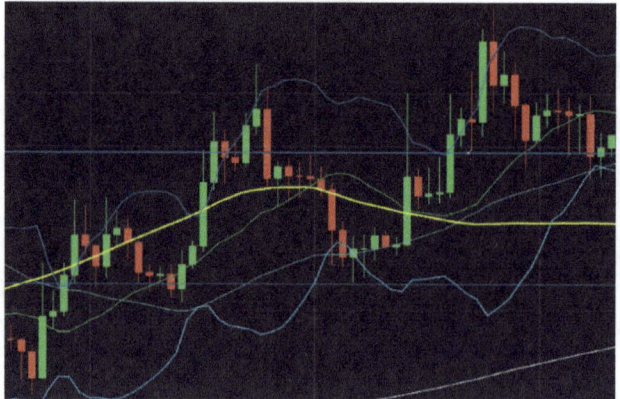

Figure 5. Graphique en Bougies. Étoile Filante

• **Doji**: Une bougie avec un corps très petit, où le prix d'ouverture et de clôture est presque le même. Peut indiquer une indécision sur le marché.

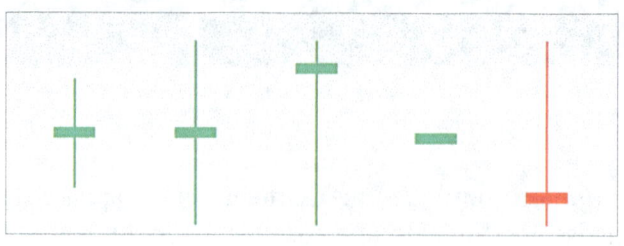

Figure 6. Doji

Cherche ici deux dojis, il y en a beaucoup. Il s'agit d'un marché qui ne sait pas où il va, qui n'a pas de tendance définie et nécessite donc une grande attention et préparation :

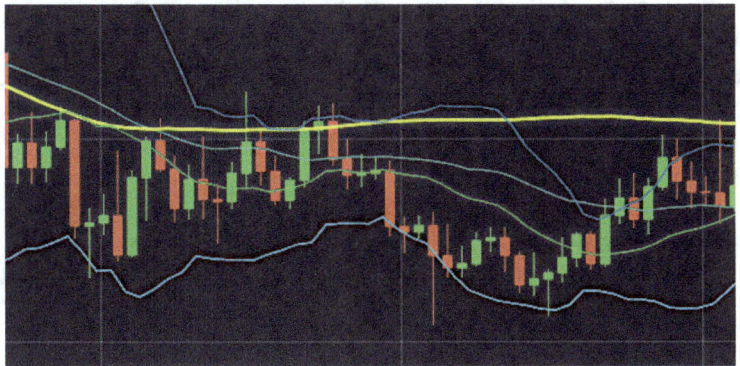

Figure 7. Graphiqye de bougie. Doji

Interprétation de l'Action des Prix

En observant les motifs de bougies sur un graphique, vous pouvez obtenir des informations sur la psychologie du marché. Par exemple, si vous voyez une série de bougies haussières successives, cela indique un optimisme général. De même, l'apparition de bougies baissières peut refléter un pessimisme.

De plus, la taille du corps et des mèches est également indicative. Les bougies avec des corps larges et des mèches courtes peuvent indiquer une forte conviction dans la direction du prix, tandis que les bougies avec des corps petits peuvent signaler une indécision.

Stratégies de Trading avec les Bougies

Apprendre à utiliser les graphiques en chandeliers vous permettra de développer des stratégies de trading plus efficaces. Par exemple, certains traders recherchent des motifs de retournement, tels que le marteau, pour ouvrir des positions d'achat au moment opportun. D'autres utilisent des motifs de continuité, tels que les bougies Marubozu, pour maintenir des positions existantes.

Les graphiques en chandeliers sont un outil puissant pour comprendre l'action des prix et prendre des décisions de trading. En comprenant l'anatomie d'une bougie, en identifiant des motifs et en appliquant des stratégies spécifiques, vous pourrez tirer le meilleur parti de cette technique dans vos opérations.

Graphiques en Barres et Leurs Avantages

Une autre façon courante de représenter les données de prix est à travers les graphiques en barres. Nous examinerons ici comment fonctionnent les graphiques en barres et quels sont leurs avantages. Ces graphiques montrent les prix d'ouverture, de clôture, les plus hauts et les plus bas sous forme de barres verticales. Nous vous expliquerons comment utiliser les graphiques en barres pour identifier des motifs et des tendances, et quand ils peuvent être préférables aux graphiques en chandeliers dans certaines situations.

Anatomie d'un Graphique en Barres

Les graphiques en barres représentent l'action des prix d'une manière différente des graphiques en chandeliers, et il est essentiel de comprendre leur structure :

- *Barres Verticales*. Chaque barre verticale montre la plage de prix pour une période spécifique. Le sommet de la barre est le prix le plus élevé atteint, et le bas est le prix le plus bas.

- *Ligne Horizontale à Gauche.* La ligne à gauche représente le prix d'ouverture pendant la période.

- *Ligne Horizontale à Droite.* La ligne à droite indique le prix de clôture à la fin de la période.

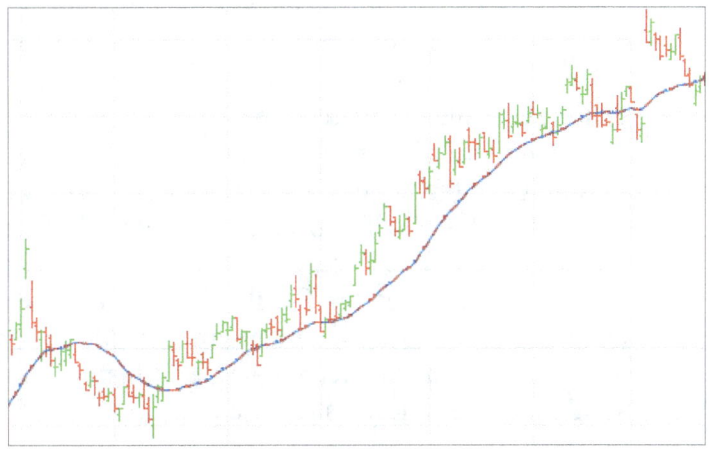

Figure 8. Graphique en Barres

Avantages des Graphiques en Barres

1. **Clarté dans les Niveaux d'Ouverture et de Fermeture:** Les graphiques en barres offrent une représentation visuelle très claire des prix d'ouverture et de clôture, facilitant ainsi l'identification des tendances.

2. **Accent accru sur l'Action des Prix:** En raison de la disposition des barres, les graphiques en barres se concentrent sur l'action des prix et permettent aux traders de se concentrer sur l'évolution des prix.

3. **Moins de Bruit:** Parfois, les graphiques en chandelier peuvent montrer plus de fluctuations en raison de la représentation des corps de bougies. Les graphiques en barres ont tendance à montrer moins de bruit et peuvent aider les traders à identifier les tendances plus clairement. On appelle bruit en analyse technique les fluctuations aléatoires des prix, dues à des nouvelles inattendues ou à des événements chaotiques sur le marché pendant les périodes que nous examinons, généralement à court terme. Ce que recherchent les analystes techniques, c'est éliminer ce bruit et identifier la tendance et les motifs systématiques. Pour le dire autrement : "séparer le grain de l'ivraie."

4. **Compatibilité avec les Outils Techniques:** Les graphiques en barres sont particulièrement utiles lorsqu'ils sont combinés avec des indicateurs techniques, fournissant ainsi une base solide pour des analyses plus détaillées.

Comment Utiliser les Graphiques en Barres

Les graphiques en barres sont utilisés de manière similaire à d'autres types de graphiques en analyse technique. Pour le moment, que vous connaissiez les noms des figures et des indicateurs techniques, tels que les épaules-têtes-épaules (HCH), le MACD, le RSI, etc., ne paniquez pas, nous les verrons immédiatement, et ce sera facile. Voici quelques conseils pour les utiliser efficacement:

- **Identification des Motifs:** Tout comme avec les graphiques en chandelier, vous pouvez rechercher des motifs courants sur les graphiques en barres, tels que les épaules-têtes-épaules, les triangles et les canaux, pour prendre des décisions de trading.
- **Détermination des Niveaux de Support et de Résistance:** Les niveaux de support et de résistance sont fondamentaux en analyse technique. Les graphiques en barres vous permettent d'identifier efficacement ces niveaux.

- **Suivi des Tendances:** Les graphiques en barres sont idéaux pour suivre et confirmer les tendances, car ils montrent clairement les prix d'ouverture et de clôture.
- **Utilisation d'Indicateurs Techniques :** Les indicateurs techniques, tels que le MACD ou le RSI, peuvent être appliqués aux graphiques en barres pour obtenir des signaux de trading supplémentaires.

Lignes de Tendance

Les lignes de tendance sont fondamentales en analyse technique. Dans cette section, nous vous montrerons comment tracer et utiliser les lignes de tendance pour identifier et confirmer les tendances. Vous apprendrez à reconnaître les tendances haussières et baissières à travers les lignes de tendance ascendantes et descendantes. Vous verrez également comment les lignes de tendance peuvent agir comme des niveaux de support et de résistance, vous aidant à prendre les bonnes décisions dans vos opérations. Allons-y.

Qu'est-ce que les Lignes de Tendance?

Les lignes de tendance sont des lignes droites dessinées sur un graphique pour relier deux points ou plus significatifs dans le prix, soit en joignant les creux (minima) soit les sommets (maxima) des vagues. Elles sont utilisées pour visualiser et confirmer les tendances, qu'elles soient haussières (ascendantes) ou baissières (descendantes). Les lignes de tendance haussière sont tracées en reliant les creux successivement plus hauts, tandis que les lignes de tendance baissière relient les sommets successivement plus bas.

Interprétation des Lignes de Tendance

1. **Tendance Haussière :** Une ligne de tendance haussière montre une tendance à la hausse sur le marché. Si le prix reste au-dessus de cette ligne, cela suggère que la tendance haussière se poursuit. Lorsque le prix s'approche de la ligne de tendance haussière, elle peut servir de niveau de support, ce qui signifie qu'il est probable que le prix rebondisse depuis cette ligne.

2. **Tendance Baissière:** D'autre part, une ligne de tendance baissière représente une tendance à la baisse sur le marché. Si le prix reste en dessous de cette ligne, cela indique que la tendance baissière persiste. Dans ce cas, la ligne de tendance baissière peut agir comme un niveau de résistance, ce qui signifie que le prix pourrait avoir du mal à la dépasser.

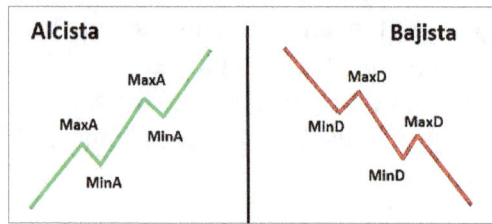

Figure 9. Tendances haussière et baissière

3. Confirmation des Tendances : La confirmation d'une tendance est essentielle pour prendre des décisions de trading. Cela s'obtient en observant si le prix respecte la ligne de tendance sur une période de temps. Plus la ligne de tendance est touchée, plus sa validité est élevée.

4. Cassure de Tendance : Parfois, le prix peut rompre une ligne de tendance, qu'elle soit haussière ou baissière. Cela peut indiquer un changement de tendance. Une cassure au-dessus d'une ligne de tendance baissière peut signaler une inversion haussière, tandis qu'une cassure en dessous d'une ligne de tendance haussière peut indiquer une inversion baissière.

5. Angle de la Ligne de Tendance : L'angle de la ligne de tendance est également important. Une ligne de tendance très inclinée peut indiquer une tendance forte mais insoutenable, tandis qu'une ligne de tendance moins inclinée peut suggérer une tendance plus durable.

Dans l'illustration suivante, nous voyons un graphique du cours de l'action Tesla sur lequel nous avons tracé deux lignes de tendance ascendantes, l'une avec un angle d'environ 45 degrés et l'autre d'environ 10 degrés (moins inclinée). Nous remarquons que la plus prononcée a entraîné une montée fulgurante du prix, mais n'a pas été cohérente pendant longtemps. Contrairement à la moins prononcée, qui indique une tendance haussière de fond à plus long terme beaucoup plus forte et difficile à rompre.

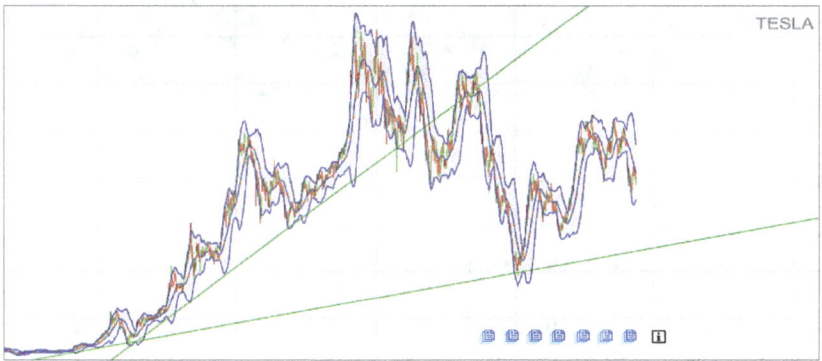

Figure 10. Tendence haussière avec de differentes degrées

Utilisation Pratique des Lignes de Tendance

• Utiliser les lignes de tendance pour identifier les niveaux d'entrée et de sortie dans les opérations.
• Confirmer les tendances pour s'assurer de trader dans la bonne direction. • Surveiller les cassures de tendance pour détecter des changements dans la direction du marché. • Combinez les lignes de tendance avec d'autres indicateurs techniques pour prendre des décisions plus appropriées.

Les lignes de tendance sont un outil puissant dans l'analyse technique qui peut vous aider à identifier et confirmer les tendances sur le marché, vous permettant de prendre des décisions de trading plus éclairées. Nous allons maintenant examiner un autre exemple pratique pour que vous puissiez développer vos connaissances.

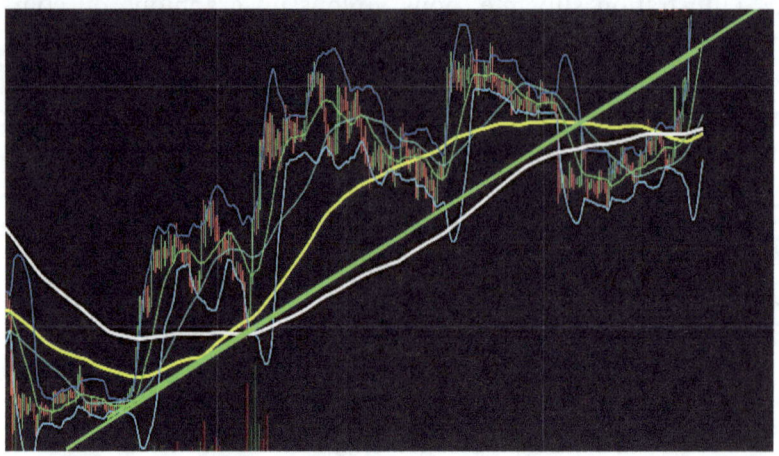

Figure 11. Tendence haussière

Utilité Pratique des lignes de Tendance

En illustration 11, nous observons une claire ligne de tendance haussière (en vert) avec trois supports solides, et au quatrième, elle se rompt, indiquant que le prix était sur le point de chuter. Cependant, la différence n'a pas été suffisante pour confirmer ce changement, et le prix remonte, brisant à nouveau la tendance haussière, cette fois vers le haut.

Ici, une décision hâtive pourrait vous amener à vendre immédiatement lors de la rupture vers le bas. Cependant, si vous faites preuve de suffisamment de patience et attendez la confirmation de la rupture, vous constaterez qu'elle n'est pas définitive. Ainsi, il est toujours important de rester calme.

De plus, l'angle est très peu prononcé, d'environ 30 degrés, ce qui signifie que les acheteurs et les vendeurs sont calmes, sans panique ni euphorie susceptibles de provoquer un changement radical de tendance. La rupture de la tendance a été le résultat d'un moment de vente, probablement causé par une nouvelle ou une circonstance (qui nécessite une enquête).

Rappelez-vous, tout est reflété dans les graphiques. Ce que je commence à vous dire doit être confronté à d'autres instruments, chartistes et techniques, que nous verrons plus tard.
Le livre devient-il intéressant ou semble-t-il être en chinois? Ne vous inquiétez pas, continuez, tout ce que j'ai voulu vous exposer d'un coup, vous allez le comprendre très bientôt.

Je vous assure que nous n'approfondirons pas beaucoup ces connaissances théoriques. La plupart des indicateurs se répètent dans leur signification et apportent peu à l'essentiel. Nous allons nous concentrer sur les principaux pour nous, ceux que nous utilisons habituellement, qui sont peu nombreux et faciles à manipuler.

Il ne s'agit pas de devenir des experts dans la gestion statistique de l'information, mais dans l'interprétation de la pensée du marché, de savoir agir au bon moment, de respect et de tolérance, de prudence et de détermination. Je veux que vous lisiez cela trois fois en regardant le graphique. Vous comprendrez ce que je dis au fur et à mesure. Petit à petit, l'oiseau fait son nid, comme disent les Français (petit à petit, l'oiseau fait son nid).

Pour l'instant, concentrez-vous sur la ligne de tendance haussière verte, celle qui relie les points d'inflexion de baissière à haussière sur le graphique des prix. C'est tout. Nous progresserons petit à petit.

L'Utilisation des Indicateurs Techniques

Les indicateurs techniques sont des outils mathématiques qui aident les analystes techniques à évaluer la direction et la force d'une tendance. Dans ce chapitre, nous explorerons certains des indicateurs techniques les plus populaires, tels que le RSI, le MACD et les moyennes mobiles. Nous vous montrerons comment utiliser ces instruments pour obtenir des informations supplémentaires sur le marché et comment interpréter leurs signaux. Ces indicateurs techniques sont essentiels dans l'analyse de tout trader digne de ce nom, fournissant des informations précieuses sur l'action des prix et les tendances du marché.

Nous étudierons ensuite comment utiliser les instruments techniques et comment ils peuvent améliorer vos compétences en trading.

Qu'est-ce que les Indicateurs Techniques?

Comme je l'ai déjà indiqué, les indicateurs techniques sont des formules mathématiques appliquées aux données de prix et de volume sur un graphique. Ces formules génèrent des valeurs visualisées sur le graphique lui-même, ou sur un graphique annexe, généralement sous forme de lignes ou d'histogrammes. Ils aident les traders à identifier des modèles, des tendances et des signaux d'achat ou de vente.

Interprétation des Indicateurs Techniques

1. **Tendance:** Les indicateurs techniques peuvent vous aider à identifier la direction de la tendance. Par exemple, la moyenne mobile simple peut indiquer si le prix est en tendance haussière ou baissière. Nous pourrions approfondir cet indicateur, défini statistiquement par :

$$\bar{p}_{SM} = \frac{p_M + p_{M-1} + \cdots + p_{M-(n-1)}}{n}$$

$$= \frac{1}{n} \sum_{i=0}^{n-1} p_{M-i}$$

Je vais utiliser seulement trois lignes de ce livre pour vous dire que cela ne nous intéresse pas. Notre objectif est l'interprétation, pas l'étude statistique des indicateurs.

La moyenne mobile est fondamentale pour exprimer le sentiment du marché. Elle est utilisée sur différentes périodes, généralement 7, 14, 30, 60, 100, et 200 (jours, heures, minutes... selon la plage que nous analysons).

Un trader (un investisseur intraday, voire intra-hebdomadaire) n'utilisera pas une moyenne mobile de 200 jours, car il travaillera sur des périodes plus courtes, en jours, heures, voire minutes. Par conséquent, la fluctuation sur une période de 200 jours ne lui servira à rien, car elle n'influencera pas le mouvement de son activité. Je vais t'expliquer.

Pour mettre les choses en perspective, la moyenne mobile nous montre ce que le prix a fait pendant les périodes définies avant aujourd'hui ou la période étudiée. Ainsi, la moyenne mobile de sept jours tracera une ligne qui reliera le prix de la moyenne des sept derniers jours avec celui des sept jours avant hier, et ainsi de suite. Elle sera beaucoup plus proche du prix qu'une moyenne mobile de 100 jours, car la coïncidence est moindre. Tu comprendras au fur et à mesure.

Prends un moment pour réfléchir. Il s'agit de comprendre, pas de mémoriser ou de savoir pour savoir. La moyenne mobile longue (de 100 ou 200) fluctuera moins que la courte (de 7 ou 14), mais elle sera plus forte et fiable.
Donc, si nous allons à long terme, c'est-à-dire si notre investissement est destiné à être conservé pendant une longue période, nous écartons les moyennes courtes de 5, 7, 14 ou même 20, et nous utiliserons des moyennes longues de périodes de 50, 100 ou 200. Mais si nous faisons du trading, nous utiliserons des moyennes mobiles courtes et "jouerons" avec les fluctuations à court terme. Nous subirons également plus de revers et de stress à court terme que à long terme, je te le dis d'avance. Sois tranquille, nous absorberons tous ces concepts au fil du temps.
Attention! Parlons-nous de trading? D'intraday? D'être collé au fauteuil et à trois écrans? Je ne le conseille pas, même si je suis en train d'écrire ce livre. Partager des connaissances est une chose, donner des conseils en est une autre. Le trading demande beaucoup d'engagement, c'est très stressant, ce n'est pas durable à long terme. Avant tout, je veux être éthique, ne rêve pas de Lambos, de yachts, ni de manoirs de multimillionnaires. Fixe-toi un objectif et arrête-toi. Ce ne devrait pas être moi qui te dise cela, mais je pense que mon grand ami Liam me remerciera de vous dire ces mots.

Cela dit, voici un exemple de moyennes mobiles. Observez comment elles se croisent et nous indiquent les changements de prix:

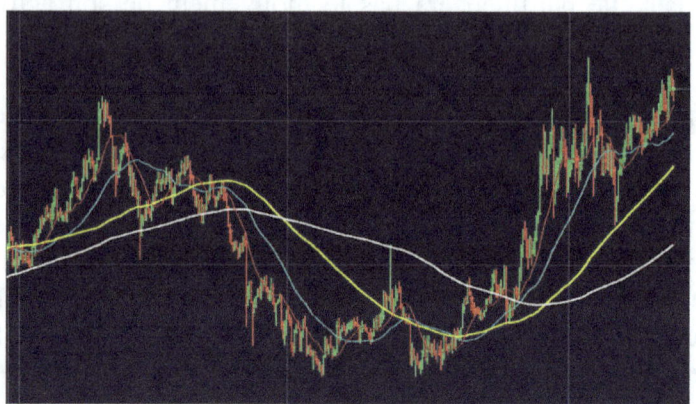

Figure 12. Moyennes mobiles de 14, 40, 100 y 200

C'est un graphique très éclairant où nous voyons les moyennes mobiles de 200 (blanche), 100 (jaune), 40 (bleue), et 14 (rouge) sur un graphique à barres des prix d'une crypto-monnaie appelée Zcash. Nous en parlerons plus tard, cela devrait te sembler familier. Vois-tu les croisements ? Ne continue pas à lire, regarde le graphique, prends le temps de le regarder, pense à pourquoi ils se croisent ainsi. De plus, il y a un double plancher "classique" qui nous indique le changement de tendance, de baissière à haussière. Nous devrions acheter là où les moyennes se croisent avec le prix. Eh bien, tout vient à point à qui sait attendre, peu à peu tu comprendras de quoi je parle.

2. **Momentum:** Certains indicateurs mesurent l'impulsion du prix, ce qui peut t'aider à évaluer la force d'une tendance. L'indice de force relative (RSI) est un indicateur de momentum largement utilisé. Cet indicateur est fondamental pour moi, je l'utilise toujours, avec une période de 14 jours ou 14 heures, selon mon travail, que ce soit à court terme ou à moyen-long terme. Il te fournit beaucoup d'informations. Je pourrais t'expliquer, comme je l'ai fait avec le PMS, d'où statistiquement proviennent les données qu'il nous donne, mais je t'ai déjà dit que je ne veux pas que tu le saches. Tu dois seulement savoir déchiffrer ce que cela signifie. Tu as deux paramètres à prendre en compte, 30 et 70 ; lorsqu'il est en dessous de 30, cela signifie que tu peux acheter, c'est bon marché, et lorsqu'il est au-dessus de 70, c'est cher. Grosso modo, toujours avec prudence et en regardant d'autres choses. Il nous donne également des divergences, c'est-à-dire des tendances différentes entre la ligne des prix et celle de l'indicateur. Je l'expliquerai dans le graphique plus loin.

3. **Surachat et Sursouscription:** Les indicateurs techniques peuvent également t'aider à identifier quand un actif est suracheté ou survendu, c'est-à-dire que la surachat signifie que le prix est "cher" par rapport aux prix précédents, et inversement pour la survendu, où le prix est "bon marché". RSI et l'oscillateur stochastique sont des exemples d'indicateurs qui fournissent ces informations.

4. **Divergence:** La divergence entre le prix et un indicateur technique peut être un signal puissant. Par exemple, si le prix sur son graphique atteint des sommets plus élevés mais que le RSI atteint des sommets plus bas, cela peut être un signe d'un possible retournement à la baisse.

5. **Modèles de Graphiques:** Certains indicateurs techniques, tels que le MACD (Convergence/Divergence des Moyennes Mobiles), sont utilisés pour identifier des modèles de graphiques, tels que les croisements des moyennes mobiles, qui peuvent générer des signaux d'achat ou de vente. Nous le verrons.

Usage Pratique des Indicateurs Techniques

- **Confirmation des Tendances :** Les indicateurs techniques sont utilisés pour confirmer les tendances identifiées par d'autres méthodes, comme les lignes de tendance.
- **Signaux d'Entrée et de Sortie:** Les indicateurs techniques peuvent fournir des signaux d'entrée et de sortie dans les opérations. Par exemple, un croisement haussier de deux moyennes mobiles peut être un signal d'achat.
- **Gestion des Risques:** Certains indicateurs, tels que l'ATR (Average True Range), peuvent t'aider à déterminer des niveaux de stop-loss et de take-profit appropriés. C'est informatif pour le moment, mais ce n'est pas fondamental. Plus tard, nous parlerons de comment réduire le risque avec ces concepts, en diminuant et en acceptant les pertes avec le stop-loss et en sécurisant les gains avec les take-profit.
- **Stratégies de Trading:** Les indicateurs techniques sont fondamentaux pour le développement de stratégies de trading. Tu peux combiner plusieurs indicateurs pour créer une approche personnalisée.
- **Analyse du Volume:** Certains indicateurs techniques, tels que l'indicateur de volume en équilibre OBV (On-Balance Volume), sont utilisés pour analyser le volume des échanges et sa relation avec le prix. Le volume est extrêmement important, car s'il y a du volume, il y a peu de chance qu'un seul investisseur puisse déplacer le marché, au contraire, si le volume est faible, une seule main qui achète ou vend peut influencer le graphique. Donc, recherche toujours des volumes élevés.

Analysons le graphique de Zcash avec le RSI, en bas en jaune. Sur ce graphique ci-dessous, nous avons deux lignes horizontales, en vert (70) et en rouge (30).

Rappelle-toi ce que je t'ai dit précédemment.

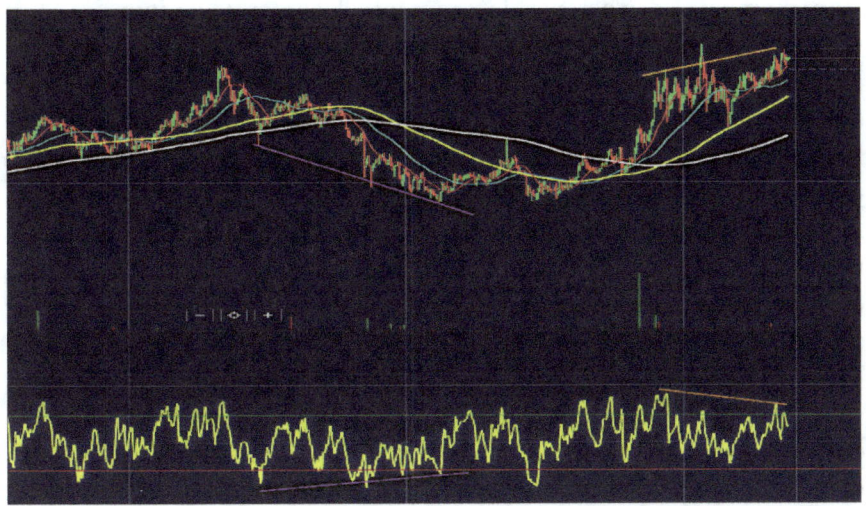

Figure 13. Graphique du prix du Zcash. En bas le RSI

Voici clairement deux étapes: Une où le prix a une tendance baissière, indiquée par une ligne descendante en violet sur le graphique des prix, qui coïncide avec une autre ligne, également en violet mais ascendante, sur le graphique RSI. Il y a une divergence (une va vers le bas et l'autre vers le haut). De plus, nous observons que la valeur est bon marché car elle est en dessous de 40 sur le RSI. Mais ce n'est pas tout, le prix est également en dessous des moyennes mobiles. [Consultez la section précédente]. C'est un indicateur clair que la tendance est sur le point de changer, le prix va augmenter, et c'est effectivement ce qui s'est passé. Il aurait fallu acheter à ce moment-là.

Dans la deuxième étape, qui est celle dans laquelle nous nous trouvons actuellement, je ne peux pas garantir ce qui va se passer. Nous avons la option contraire, une tendance haussière, indiquée en orange sur le prix, qui est au-dessus des moyennes mobiles, avec une divergence sur le RSI (qui va vers le bas) et au-dessus de 60. Honnêtement, ce n'est pas le moment d'acheter, du moins à court terme. Je dirais même que nous pourrions vendre ou aller "à découvert". Cela dernier point, ne le prenez pas en compte. Qu'est-ce qui se passe ?

Eh bien, il y a d'autres facteurs que nous devons examiner avant de prendre une décision. Un changement de tendance est très probable, mais cela doit être confirmé par le croisement du prix avec les moyennes mobiles, principalement, en plus de la coupure du RSI à 60 vers le bas. Et nous allons comparer cela avec un autre indicateur, comme le MACD.

Nous continuons à progresser. Je veux que tout cela soit clair pour vous. Liam dirait probablement : "Mais ce n'est pas toujours ainsi, c'est de la pure théorie". Et il a raison, ce n'est pas toujours ainsi, mais les probabilités sont grandes; les graphiques reflètent généralement les sentiments du marché, normalement.

Je vais vous détailler cela théoriquement ci-dessous. Mais vous devez savoir que vous avez une lame à double tranchant entre les mains : si vous agissez avec trop de prudence, vous risquez de rester à l'écart, et si vous vous précipitez, vous pouvez vous tromper. Personne n'a dit que cela serait facile. Maintenant, regardez le graphique et prenez le temps de tout comprendre avant de continuer. Lisez et regardez, comprenez et observez à nouveau le graphique.

En pratiquant avec les indicateurs thecniques

Pour tirer le meilleur parti des indicateurs techniques, il est essentiel de pratiquer. Vous pouvez utiliser un compte de démonstration pour expérimenter avec différents indicateurs et stratégies avant de trader avec de l'argent réel. De plus, étudier comment les indicateurs fonctionnent et comment ils s'appliquent à des situations réelles de trading vous aidera à prendre des décisions plus éclairées et à améliorer vos compétences en trading. Il existe de nombreux sites qui vous permettent d'avoir un compte de démonstration gratuitement, je ne veux pas faire de publicité ici, mais cherchez sur Internet, vous ne manquerez pas de trouver.

Combinaison d'outils dans votre analyse

En analyse technique, il ne s'agit pas seulement d'utiliser un outil, mais de combiner plusieurs outils pour prendre des décisions plus solides. Nous vous présenterons l'idée de comment vous pouvez combiner les graphiques en chandeliers, les graphiques en barres, les lignes de tendance et d'autres indicateurs techniques pour avoir une compréhension plus complète du marché. Nous vous donnerons des exemples pratiques de la manière dont les traders expérimentés utilisent cette combinaison pour prendre des décisions de trading.

La Force de la Combinaison

L'analyse technique ne concerne pas seulement un outil ou un indicateur, mais la façon dont plusieurs outils s'intègrent et se complètent pour offrir une perspective plus complète du marché. Voici quelques façons de combiner les outils:

1. **Lignes de Tendance et Patrons de Prix:** Vous pouvez utiliser des lignes de tendance pour identifier des tendances et des motifs de prix pour confirmer des signaux d'entrée ou de sortie. Par exemple, un motif de double sommet peut être plus convaincant s'il se forme dans une tendance baissière confirmée.

2. **Indicateurs Techniques et Lignes de Tendance:** Les indicateurs techniques peuvent fournir des signaux d'achat ou de vente, et les lignes de tendance peuvent confirmer ces signaux. Par exemple, si un indicateur montre une surachat et, en même temps, le prix se rapproche d'une ligne de tendance baissière, cela pourrait être un signal de vente fort.

3. **Volume et Motifs Graphiques:** Le volume est crucial en analyse technique et peut être utilisé avec des motifs graphiques. Par exemple, une augmentation significative du volume avec un motif de tête et d'épaules peut confirmer une inversion baissière.

Exemples de Combinaison d'Outils

- **Stratégie de Croisement de Moyennes Mobiles :** Ici, vous pouvez combiner deux moyennes mobiles de périodes différentes (par exemple, une moyenne mobile simple de 50 jours et une moyenne mobile exponentielle de 200 jours). Lorsque la moyenne mobile la plus courte croise au-dessus de la plus longue, cela peut être un signal d'achat. Ce signal est renforcé si la croix se produit près d'une ligne de tendance haussière.

- **Divergence et Motifs de Prix :** Vous pouvez utiliser la divergence dans le RSI avec des motifs de prix pour confirmer des changements de tendance. Si le prix forme un motif de triangle descendant et que le RSI montre une divergence haussière, cela pourrait suggérer une inversion haussière.

- **Volume et Support/Résistance :** Observer le volume aux niveaux de support et de résistance est fondamental. Si le prix se rapproche d'un niveau de résistance important avec un augmentation du volume des ventes, cela pourrait indiquer une pression baissière accrue.

Avantages de la Combinaison

- **Confirmation accrue :** L'utilisation de plusieurs outils peut confirmer davantage vos décisions de trading. Plus les signaux correspondent, plus le signal est fort.
- **Réduction des faux signaux :** En combinant différents outils, vous pouvez réduire la probabilité de recevoir de faux signaux.
- **Meilleure évaluation du risque :** La combinaison d'outils vous permet d'évaluer mieux le risque et les chances de réussite d'une opération.
- **Plus grande flexibilité :** En étant capable de s'adapter à différentes situations du marché, vous pouvez être plus flexible dans votre approche de trading.

N'oubliez pas que la combinaison d'outils nécessite de la pratique et de l'expérience. Toutes les combinaisons ne fonctionneront pas dans toutes les situations du marché. La clé est d'apprendre à utiliser différents outils de manière efficace et d'adapter votre approche aux conditions spécifiques du marché à un moment donné. Ne croyez pas que je me répète sans m'en rendre compte, nous semons les racines, les fondements. Je veux que tout cela vous semble familier, que vous le lisiez d'une manière et d'une autre, qu'une fois que vous avez fini de lire, vous maîtrisiez plus ou moins ces notions de base, qui seront également les seules dont vous aurez besoin. Entrer dans une spécialisation plus poussée est complexe et excessif. Sincèrement, un peu de bonnes bases vaut mieux que beaucoup et désordonné. Ne vous noyez pas d'informations. Apprenez à utiliser, par exemple : trois moyennes mobiles, les chandeliers, le volume, le RSI et le MACD. Avec cela, vous pouvez déjà travailler, vous constaterez qu'il existe des centaines d'indicateurs de plus, mais le plus important, Liam vous l'expliquera, c'est l'esprit, la stratégie, la cohérence et la volonté.

Exemples Pratiques d'Analyse Technique

La théorie est fondamentale, mais c'est dans la pratique que l'analyse technique prend vraiment vie. Nous citerons et expliquerons des exemples pratiques d'analyse technique en action et nous rappellerons les concepts de base appris. De l'identification des tendances à l'utilisation des indicateurs techniques, vous plongerez dans des situations réelles illustrant comment l'analyse technique s'applique au trading.

La théorie de l'analyse technique devient plus claire et utile lorsqu'elle est illustrée par des exemples pratiques. Allons-y:

Exemple 1: Identification d'une Tendance Haussière

Imaginez que vous analysez le graphique des prix d'une action et que vous observez que, au cours des six derniers mois, le prix a formé des sommets et des creux de plus en plus élevés. De plus, une ligne de tendance haussière est restée intacte pendant cette période, agissant comme un support solide. Cela suggère une tendance haussière sur l'actif.

Figure 14. Tendence haussière. Tunnel

Ici, nous avons une tendance haussière, généralement marquée par le fait que le prix se déplace entre deux lignes de tendance parallèles, qui délimitent les plus hauts et les plus bas. Un tunnel haussier, en orange.

Exemple 2 : Confirmation d'une Tendance Baissière

Dans un autre cas, vous pourriez remarquer que le prix d'une paire de devises a constamment chuté pendant plusieurs semaines. De plus, un indicateur technique tel que le MACD (Convergence/Divergence des Moyennes Mobiles) montre une divergence baissière avec le prix. Cette divergence indique une perte de dynamique dans la tendance baissière et pourrait être un signe d'un retournement haussier à court terme. Nous mettrons de côté cet indicateur de momentum, nous le verrons plus tard, mais ayez-le en tête. Pour l'instant, nous nous concentrons sur le RSI. Ce livre ne vise pas à se spécialiser dans l'analyse technique, mais à expliquer comment la gérer. Néanmoins, commencez à pratiquer dès maintenant. Ouvrez un compte démo comme je vous l'ai dit, et n'oubliez pas que les expériences "avec des boissons gazeuses" - autrement dit, sans utiliser d'argent réel - sont recommandées jusqu'à ce que vous vous sentiez à l'aise. Soyez prudent.

Exemple 3: Utilisation du RSI pour Identifier des Conditions Extrêmes

Je vous ai déjà donné un avant-goût de ce que je vais expliquer maintenant, je suis sûr que vous le verrez plus clairement. Supposons que vous observiez le graphique d'un indice boursier et que vous remarquiez que le RSI a dépassé 70, ce qui est généralement considéré comme un signal de surachat, c'est-à-dire que la valeur est chère (et vous devriez envisager de vendre). En même temps, le prix se rapproche d'une résistance significative sur le graphique.

Cela pourrait être le moment de considérer une possible inversion baissière, car les conditions extrêmes indiquent que le marché pourrait être surévalué.

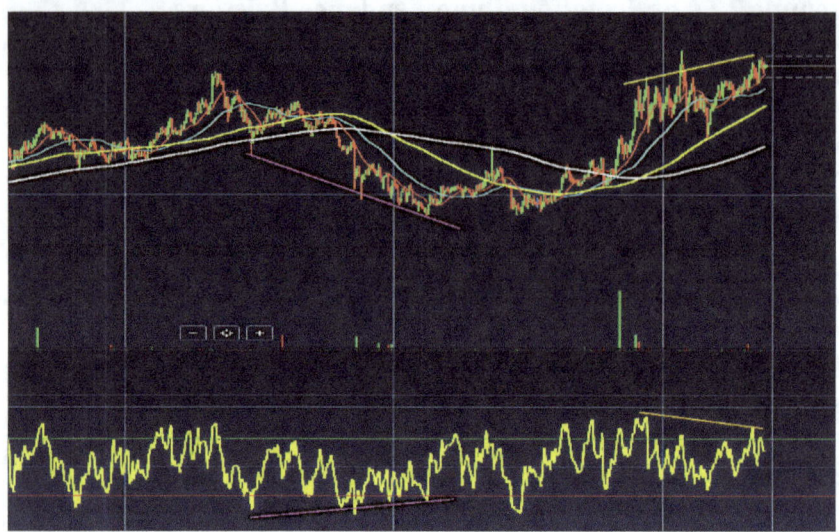

Figure 15. Graphique des prix et RSI

Observes le graphique du RSI et vérifies par toi-même. Prends quinze minutes et observes le RSI en bas, quand il est au-dessus de la ligne horizontale des 70 (vert) et en dessous de 30 (rouge). Remarque comment, lorsqu'il dépasse la ligne verte, il y a une surachat, nous prévenant d'un possible retournement à la baisse du prix, et vice versa avec la survente en dessous de la ligne rouge.

Exemple 4 : Modèles de Renversement en Action

Faisons un saut et abordons les figures chartistes, dans ce cas le Head and Shoulders (Épaule-Tête-Épaule), pour que tu te familiarises avec cela. Dans cet exemple, tu analyses le graphique d'une action et tu constates qu'elle a formé un motif d'épaule-tête-épaule pendant plusieurs mois.

Ce motif est connu comme un motif de renversement à la baisse et suggère que la tendance haussière précédente pourrait toucher à sa fin, être épuisée. Une fois que le prix casse le support au niveau du cou du motif, cela pourrait être un signal de vente.

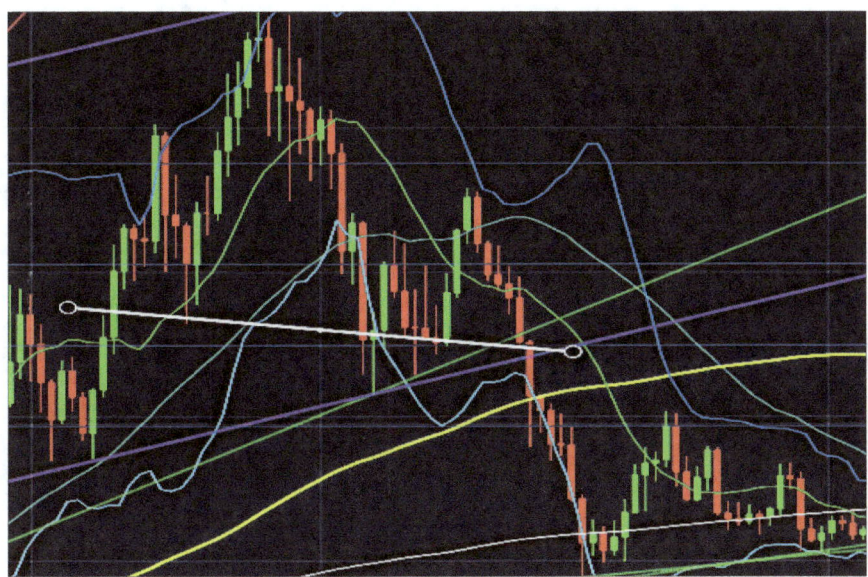

Figure 16. Épaule-Tête-Épaule

Ici, nous avons le graphique hebdomadaire de l'Ethereum, la deuxième cryptomonnaie en importance, depuis la mi-2021. Nous voyons clairement qu'il commence à dessiner une figure de l'épaule gauche, la tête et l'épaule droite (la ligne du cou est blanche). Lorsque nous voyons cette cassure, il faut vendre. Cette figure est très fiable et nous donne une baisse d'environ la hauteur de la tête, et c'est exactement ce qui s'est passé. Essaye de comprendre, ma façon d'enseigner n'est pas orthodoxe. D'abord, tu dois essayer de comprendre par toi-même, puis viendra l'explication théorique. Mais arrête-toi et analyse le graphique, amuse-toi. Si tu veux devenir un trader qui manie les instruments rapidement et avec agilité, tu dois être plus pratique que théorique. Observe, explore, plonge dans les lignes et les courbes.

Exemple 5 : Utilisation du Volume pour Confirmer une Tendance

Souviens-toi de ce que je t'ai dit à propos du volume. Imagine que tu fais du trading avec des cryptomonnaies et que tu remarques que le prix du Bitcoin a augmenté de manière significative ces derniers jours. En même temps, le volume de trading a augmenté de manière constante. Cette augmentation du volume confirme la force de la tendance haussière et suggère qu'il pourrait y avoir plus de hausse à venir. Ici, nous avons le graphique du Bitcoin, le volume est généralement représenté sous forme de barres verticales rouges et vertes sur le même graphique, en dessous du prix. Remarque l'augmentation significative du volume qui a eu lieu juste au moment de l'inflexion. Cela signifie qu'à un certain prix, il y a eu beaucoup d'intérêt à acheter (et vendre), ce qui va donner un élan à la hausse, comme cela s'est produit en février-avril 2023.

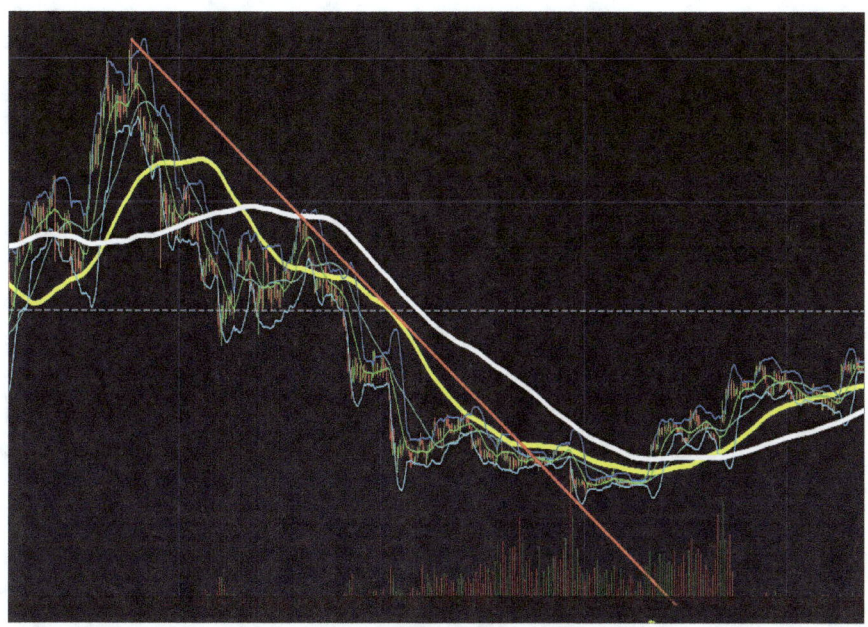

Figure 17. Graphique du Bitcoin. Volumen

Ce graphique montre les prix depuis octobre 2021, au début du grand déclin, jusqu'à août 2023. Nous observons une accumulation de volume lors du changement de tendance, lorsque les prix étaient bas, ce qui reflète l'intérêt du marché. Le volume des transactions augmente considérablement. Un motif arrondi commence à se dessiner, marquant le creux d'une tendance baissière qui change pour devenir haussière. C'est ce que nous observons dans la période du graphique. Si l'on regarde le même graphique sur une période plus longue, les choses changent, donc il est important de connaître les périodes d'étude. Nous pouvons utiliser des graphiques horaires, de quatre heures, quotidiens, hebdomadaires ou mensuels pour le moyen à long terme, et des périodes de minutes, cinq minutes, quinze minutes et trente minutes pour le trading.

Exemple 6: Application d'une Stratégie de Croisement de Moyennes Mobiles

Dans un cas pratique, vous pourriez utiliser une stratégie de croisement de moyennes mobiles. Par exemple, si vous suivez le croisement d'une moyenne mobile simple de 50 jours et d'une moyenne mobile exponentielle de 200 jours sur le graphique d'une valeur, vous pouvez attendre un signal d'achat lorsque la moyenne mobile la plus courte croise au-dessus de la plus longue depuis le bas, et un signal de vente lorsque le contraire se produit. Revenons ensuite au graphique du bitcoin et observons le croisement de la moyenne mobile de 200 (en blanc) avec celle de 50 (jaune) et avec le prix. Nous allons ajouter à cela le volume. Remarquez environ la date de mai 2023, le prix vient de couper les deux moyennes mobiles par le bas, en plus la moyenne mobile de 50 coupe la moyenne de 200, mais nous combinons également ces informations avec le volume et observons une accumulation que nous avons expliquée précédemment vers cette date, une animation du marché. Cela vous indique **ACHAT**, bien sûr, en regardant auparavant le RSI et le MACD, par exemple, pour confirmer le changement de tendance. La stratégie à suivre vous semble-t-elle claire?

Ces exemples illustrent comment l'analyse technique est appliquée dans des situations réelles de trading. Chaque cas est unique, et la combinaison d'outils et d'approches différents peut vous aider à prendre des décisions solides et fondées. À mesure que vous gagnerez de l'expérience, vous pourrez adapter ces techniques à vos propres stratégies de trading et perfectionner vos compétences en analyse technique.

Exploration du Potentiel Financier

Au-delà des concepts et des techniques, l'analyse technique a le pouvoir de transformer votre avenir financier. En avançant dans ce chapitre, nous vous inspirerons à explorer le potentiel qui s'ouvre devant vous. Vous comprendrez comment l'analyse technique peut être une herramienta puissante pour atteindre vos objectifs financiers et garantizar un futuro économique solide. En cette page, nous allons explorer le potentiel financier qui réside dans le monde de l'analyse technique et chartiste. C'est important pour que vous réalisiez les opportunités qui se présentent à vous lorsque vous acquérez ces compétences.

Découvrez Votre Potentiel

L'analyse technique est un outil puissant qui vous donne la capacité de:

1. **Prendre des Décisions Appropriées:** En comprenant comment fonctionnent les marchés et comment les prix évoluent, vous pouvez prendre des décisions de trading fondées sur des données et des analyses plutôt que simplement sur des suppositions.

2. **Identifier des Opportunités:** L'analyse technique vous permet d'identifier des opportunités de trading dans une grande variété d'instruments financiers, des actions et des devises aux cryptomonnaies et aux matières premières.

3. **Gérer le Risque:** Vous apprendrez à gérer le risque de manière efficace, ce qui est essentiel pour la protection de votre capital et la préservation de vos gains.

4. **S'Adapter à Divers Scénarios:** L'analyse technique est polyvalente et peut être appliquée à des marchés en hausse, en baisse ou en consolidation. Cela signifie que vous pouvez opérer dans différentes conditions de marché.

Exemple de Potentiel Financier

Imaginez que vous avez acquis une solide connaissance en analyse technique et que vous suivez une stratégie bien définie. Un jour, vous remarquez un modèle d'investissement haussier sur un actif spécifique, confirmé par plusieurs indicateurs techniques. Vous décidez d'entrer en position longue et définissez un stop-loss pour limiter vos pertes en cas de mouvement défavorable du marché. Vous vous demandez peut-être ce qu'est un stop-loss ? Je pensais vous dire que cela vous rappelle quelque chose, mais je vais vous l'expliquer. Il s'agit d'une limite de prix que vous considérez comme suffisante, que ce soit parce que l'étude technique vous y a conduit en mesurant une tête et épaules, ou parce que vous pressentez un croisement de moyennes, ou bien parce que vous estimez un montant de gain raisonnable pour dire stop, je vends et "que le dernier euro soit pour un autre". C'est très important, la cupidité vous fera perdre, donc utilisez des stop-loss dans votre stratégie, si vous achetez, pour faire du trading, à 100, envisagez de vendre à 110 ou 120, gagnez 10 %, 20 %, mais gagnez, n'attendez pas que le prix se retourne et entre en pertes. Avec le temps, le prix se déplace en votre faveur, et votre analyse technique vous permet d'identifier le moment optimal pour prendre des bénéfices. Vous avez obtenu un gain considérable dans cette opération et, ce qui est plus important, vous avez géré votre risque de manière efficace.

Et si jamais vous faites une erreur et ne vendez pas, ce qui vous arrivera peut-être, envisagez de perdre le moins possible. Parce que le deuxième commandement est "il vaut mieux perdre que perdre plus". Ceci n'est qu'un exemple du potentiel financier qui réside dans l'analyse technique. À mesure que vous acquérez plus d'expérience et perfectionnez vos compétences, vous pourrez explorer davantage d'opportunités et augmenter votre succès en tant que trader.

Un Voyage d'Apprentissage Continu

L'analyse technique est une discipline en évolution constante. À mesure que vous avancez dans votre parcours d'apprentissage, gardez à l'esprit qu'il y aura toujours plus à découvrir et de nouvelles stratégies à explorer. L'éducation continue est la clé pour rester informé des dernières tendances et des changements sur les marchés. Gardez un esprit ouvert et un désir constant d'apprendre. Avec l'analyse technique comme alliée, vous pouvez atteindre un potentiel financier qui semblait autrefois inaccessible.

Un Monde d'Opportunités

Vous vous plongez dans le monde d'opportunités que l'analyse technique peut offrir. Du day trading au position trading, vous découvrirez les différentes approches que les traders utilisent pour tirer le meilleur parti de cette approche. Nous vous présentons diverses stratégies et vous découvrirez celle qui correspond le mieux à vos objectifs financiers. Les compétences que vous développerez vous permettront d'accéder à une large gamme d'actifs et de marchés, chacun ayant son propre potentiel et ses caractéristiques uniques.

Diversification des Actifs

L'un des avantages de l'analyse technique est qu'elle s'applique à une grande variété d'instruments financiers. Ceux-ci incluent:

1. **Actions:** Vous pouvez analyser et trader des actions de sociétés de tous secteurs et tailles, des géants technologiques aux petites startups.
2. **Devises:** L'analyse technique s'applique aux paires de devises sur le marché du Forex, vous permettant de profiter des fluctuations des taux de change.
3. **Matériaux Premiers:** Du l'or au pétrole, l'analyse technique vous permet de prendre des décisions sur les marchés des matières premières également.

4. **Cryptomonnaies:** Les monnaies numériques comme le Bitcoin et l'Ethereum sont idéales pour l'analyse technique, vous offrant des opportunités dans un marché émergent et volatile. Bien sûr, il faudrait ajouter plusieurs éléments ici, comme l'attention fondamentale au type de cryptomonnaies, au volume traité et au type de trading à effectuer avec chacune, à court ou à long terme. Nous le verrons.

5. **Indices Boursiers:** Vous pouvez analyser des indices tels que le S&P 500 ou le NASDAQ, ainsi que tout indice européen, pour comprendre les tendances générales du marché. Les indices reflètent le sentiment général du marché, la volatilité se dissipe assez bien. L'IBEX35 espagnol regroupe les 35 valeurs les plus liquides de la bourse espagnole, il sera donc beaucoup moins volatile que toute start-up cotée depuis six mois sur le MAB (Marché Alternatif Boursier).

Avantages de la Diversification

Le troisième commandement est "ne jamais mettre tous les œufs dans le même panier". En utilisant l'analyse technique sur différentes classes d'actifs, vous pouvez:

1. **Réduire le Risque:** La diversification diminue l'impact d'une mauvaise performance sur un actif particulier.

2. **Profiter des Opportunités:** Différents actifs offrent des opportunités à différents moments. L'analyse technique vous aide à les identifier.

3. **Équilibrer Votre Portefeuille:** Vous pouvez équilibrer votre portefeuille avec des actifs de différents niveaux de risque et de rendement.

Le Voyage du Trader

Chaque actif et marché a ses propres particularités. En tant que trader, vous aurez l'occasion d'explorer et de découvrir quels actifs vous attirent le plus. Certains peuvent préférer la volatilité excitante des crypto-monnaies, tandis que d'autres peuvent trouver la stabilité dans les actions d'entreprises établies.

L'analyse technique vous fournit la boussole pour naviguer dans ce monde diversifié. En progressant dans votre voyage en tant que trader, vous apprendrez à appliquer vos compétences dans différents contextes et à vous adapter aux conditions changeantes du marché.

Gardez l'esprit ouvert, expérimentez et découvrez votre propre chemin dans ce monde d'opportunités. Avec l'analyse technique comme votre guide, les possibilités sont infinies.

Au-delà des Graphiques

Au fur et à mesure que vous avancez dans le chartisme, aidé par les indicateurs techniques, vous vous rendrez compte qu'ils ne peuvent pas naviguer seuls. Il est souvent nécessaire, presque toujours, d'aller au-delà des graphiques. Apprenez à combiner l'analyse technique avec l'analyse fondamentale pour prendre des décisions plus assurées et précises. Cette perspective élargie vous donnera un avantage significatif dans vos opérations.

Il est très important de prendre en compte cet aspect, donc chaque fois que vous le pouvez, informez-vous. Si vous tradez avec Tesla ou Apple, par exemple, suivez les nouvelles qui les affectent à la télévision, dans les journaux, sur Internet, etc. Pas seulement celles qui affectent directement la valeur, mais aussi celles qui sont générales, du secteur, du pays, du monde... À titre d'exemple, nous connaissons tous ce qui s'est passé avec la bulle Internet au début du siècle, ou avec la crise des subprimes en 2007, ou avec les décisions de la Réserve fédérale américaine de relever ou de baisser les taux d'intérêt, ou même avec les guerres. Toutes ces nouvelles auront un impact sur les valeurs que nous gérons à un degré ou à un autre.

Ces données se refléteront tôt ou tard sur les graphiques, mais il faut être attentif pour réagir, car parfois elles sont si fortes et influentes que nous pouvons rester en dehors du marché avant que le graphique "parle".

Mais surtout, cela affectera l'un des aspects les plus importants de l'investissement, la psychologie de l'investisseur. Une grande nouvelle, qu'elle soit mauvaise ou bonne, déclenchera un tsunami dans l'esprit des investisseurs, une vague de vente ou d'achat. Et nous devons monter sur la vague avant qu'elle ne nous attrape. Un bon conseil à ce sujet serait que si vous prévoyez de partir en vacances et de déconnecter, envisagez de rester volontairement à l'écart, de tout vendre et de le laisser reposer sur un compte sans risque. C'est plus qu'un conseil, c'est une obligation ; le trader doit surveiller en permanence ses valeurs. Beaucoup ont été pris au dépourvu en se levant un matin, par une nouvelle qui a fait perdre presque tout leur portefeuille. Parce que l'esprit humain est l'arme la plus puissante qui existe.

Explorons cet aspect crucial de l'analyse technique : l'importance d'aller au-delà des graphiques et de comprendre la psychologie du marché et des investisseurs. Cette connaissance vous permettra de prendre des décisions plus solides et plus efficaces dans votre trading.

Décryptage de la Psychologie du Marché

L'analyse technique ne concerne pas seulement les modèles sur les graphiques ; c'est aussi l'étude des émotions et du comportement des investisseurs qui impulsent ces modèles. Certains concepts clés incluent:

1. **Aversion au Risque** : Les investisseurs réagissent souvent à la peur en vendant des actifs lorsque les prix baissent. Comprendre comment fonctionne cette aversion au risque peut vous aider à prévoir les mouvements du marché.

2. **Gourmandise et Euphorie** : La cupidité peut conduire à des bulles de marché, où les prix montent au-delà de leur valeur réelle. Identifier ces situations peut vous aider à éviter des chutes soudaines.
3. **Comportement de la Foule** : Les investisseurs ont tendance à suivre la foule. Comprendre ce comportement peut vous aider à anticiper les tendances du marché.

Stratégies Basées sur la Psychologie

L'analyse technique vous permet de concevoir des stratégies basées sur la psychologie du marché. Certaines stratégies populaires incluent:

1. **Analyse du Volume** : Observer comment le volume des transactions change avec le temps peut donner des indices sur l'intérêt des investisseurs pour un actif.
2. **Indicateurs de Sentiment** : Ces indicateurs mesurent le sentiment général du marché. Un exemple est l'Indice de Peur et de Cupidité de CNN Business, qui montre si les investisseurs sont en panique ou en euphorie.
3. **Analyse de Modèles de Bougies** : Certains modèles de bougies peuvent révéler le sentiment du marché, comme les bougies d'indécision qui suggèrent une lutte entre les acheteurs et les vendeurs. Vous souvenez-vous du doji ? Sinon, revenez en arrière et révisez, intégrez les connaissances. Nous allons du moins au plus.

Votre Avantage Psychologique

L'étude approfondie de cet aspect vous bénéficie énormément. Comprendre la psychologie du marché vous donne un avantage très important pour prendre des décisions de trading. Vous pouvez:

1. **Éviter les Décisions Émotionnelles** : En reconnaissant les schémas émotionnels du marché, vous pouvez éviter de prendre des décisions impulsives et émotionnelles.

2. **Identifier les Points de Basculement** : En étant attentif aux extrêmes émotionnels, vous pouvez identifier d'éventuels points de basculement dans les prix.
3. **Garder son Calme** : Comprendre que les marchés sont motivés par la psychologie vous permet de rester calme pendant la volatilité.

Le Psychotrader à Succès

Un psychotrader réussi ne maîtrise pas seulement les outils techniques, mais a également une compréhension solide de la psychologie du marché. À mesure que vous progressez dans votre itinéraire en tant que trader, cette connaissance deviendra l'une de vos plus grandes forces.

Dans les prochaines pages, nous examinerons plus de stratégies et d'outils pour que vous deveniez un psychotrader compétent. La combinaison de l'analyse technique et de la compréhension de la psychologie du marché vous rapprochera un peu plus de vos objectifs financiers.

Continuez à apprendre et à grandir dans ce périple que vous vous êtes fixé de surmonter!

Votre Voyage dans l'Analyse Technique

Enfin, dans ce chapitre, nous vous invitons à considérer votre expédition dans l'analyse technique comme un engagement à long terme. Nous vous rappellerons que le succès dans ce domaine repose sur l'éducation continue, la pratique et l'adaptation à un marché en constante évolution.

La Voie de l'Apprentissage

L'analyse technique n'est pas une compétence que l'on acquiert du jour au lendemain. C'est un chemin d'apprentissage qui implique:

1. **Comprendre les Fondamentaux** : Vous commencerez par comprendre les fondamentaux de l'analyse technique, tels que les modèles de bougies, les indicateurs et les graphiques.
2. **Pratiquer et Appliquer** : Ensuite, vous passerez du temps à pratiquer et à appliquer ces connaissances à des situations réelles du marché.
3. **Apprendre de l'Expérience** : Chaque transaction, gagnante ou perdante, est une opportunité d'apprendre et de grandir en tant que trader.
4. **Perfectionner vos Stratégies** : Avec le temps, vous perfectionnerez vos propres stratégies de trading basées sur l'analyse technique.

Votre Rythme, Votre Style

Chaque trader a son propre rythme et style. Certains sont des day traders, tandis que d'autres préfèrent le swing trading ou le position trading. À vous de décider quel est l'approche qui correspond le mieux à votre personnalité et à vos objectifs.

La Courbe d'Apprentissage

Il est important de comprendre que la courbe d'apprentissage dans le trading peut être raide au début. Vous pouvez faire face à des défis et des obstacles, mais ceux-ci sont des opportunités de croissance et d'amélioration. La patience et la persévérance sont la clé.

Gardez la Passion Vivante

L'analyse technique peut être passionnante, mais aussi exigeante. Gardez votre passion vivante en vous rappelant pourquoi vous vous êtes lancé dans ce monde en premier lieu. Que ce soit pour atteindre l'indépendance financière, assurer votre retraite ou réaliser un rêve, vos objectifs doivent être votre moteur.

Votre Communauté d'Apprentissage

Tout au long de votre voyage, vous réaliserez que vous n'êtes pas seul. Il existe des communautés de traders en ligne, des forums et des ressources éducatives qui peuvent vous offrir un soutien et des connaissances supplémentaires. N'hésitez pas à rechercher ces réseaux pour améliorer votre compréhension et vos performances.

Le Futur de Votre Voyage

L'analyse technique est un outil puissant qui vous permet d'explorer les marchés financiers et de rechercher des opportunités. À mesure que vous progressez dans votre parcours, rappelez-vous que l'apprentissage est constant. Le marché évolue, et vous aussi.

Restez concentré sur vos objectifs et profitez du parcours excitant en analyse technique.

Dans les prochaines pages, nous continuerons à explorer des stratégies et des techniques pour vous aider à devenir un trader plus habile et gagnant.

Votre navigation est en plein essor!

Franchir les Barrières Initiales

À mesure que vous commencez à plonger dans l'analyse technique, il est courant de rencontrer certaines barrières initiales. Regardons les défis courants que les nouveaux traders rencontrent généralement et comment les surmonter. En comprenant et en anticipant ces barrières, vous serez mieux préparé pour tirer le meilleur parti de l'analyse technique.

Les Barrières Initiales

Lorsque vous vous aventurez dans le monde de l'analyse technique, il est naturel de rencontrer certaines difficultés. Certaines des plus courantes incluent :

1. **Manque de Connaissance** : Au début, tout peut sembler écrasant. Les graphiques, les modèles, les indicateurs, tout est nouveau. Mais rappelez-vous que tous les traders ont commencé ici.

2. **Peur des Pertes** : La peur de perdre de l'argent est une barrière émotionnelle significative. Il est essentiel d'apprendre à contrôler cette émotion et à gérer le risque de manière efficace.

3. **Doutes et Confiance en Soi** : Vous pouvez douter de vos propres compétences et prendre des décisions émotionnelles. La confiance en soi se construit avec le temps et l'expérience.

4. **Attentes Irréalistes** : Attendre des gains immédiats est une barrière courante. Le trading nécessite du temps et de la pratique avant que vous puissiez récolter des récompenses constantes. Je vous ai déjà dit qu'il existe de nombreuses opportunités d'ouvrir des comptes démo pour tester et apprendre, utilisez-les avant de risquer votre argent, votre argent précieux. 90% des traders perdent tout, soyez clair à ce sujet. Alors doucement et avec apprentissage. Utilisez des limites de gains et limitez également vos pertes.

Dépassement des Barrières

Je ne veux pas laisser échapper grand-chose, je vais te le répéter d'une manière différente. La clé pour surmonter ces barrières est l'éducation et la pratique. Voici quelques étapes qui peuvent t'aider:

1. **Formation Continue** : Ne cesse jamais d'apprendre. Consacre du temps à l'étude et à la pratique régulière. Il existe d'innombrables ressources, des livres aux cours en ligne. Ne te contente pas de ce manuel, qui est complet mais basique. C'est une bonne introduction, mais tu dois aller plus loin.

2. **Gestion des Risques :** Apprends à gérer le risque de manière efficace. Cela te donnera confiance et réduira la peur des pertes.

3. **Contrôle Émotionnel :** Travaille sur le contrôle émotionnel. Garde ton calme et évite de prendre des décisions impulsives basées sur la peur ou la cupidité.

4. **Établissement d'Objectifs Réalistes :** Au lieu de rechercher des gains immédiats, fixe-toi des objectifs réalistes à long terme. Cela t'aidera à maintenir des attentes sous contrôle.

L'Évolution du Trader

À mesure que tu surmontes ces premières barrières, tu deviens un trader plus fort et compétent. Ton évolution est un processus constant, et chaque défi surmonté te rapproche davantage de tes objectifs financiers.

Tu te nourriras toi-même, la connaissance et le bon chemin te motiveront à continuer, te dépassant de plus en plus.

Messages Motivants

Rappelle-toi que même les traders les plus réussis ont commencé avec des barrières similaires. Garde ta motivation élevée et concentre-toi sur ta croissance à long terme. Chaque pas que tu fais te rapproche davantage de devenir le trader que tu souhaites être.

Dans les pages suivantes, nous continuerons à étudier des outils et des stratégies qui t'aideront à progresser dans ton voyage en analyse technique.

Continue à briser les barrières et à grandir en tant que trader!

Analyse Technique dans la Vie Quotidienne

L'analyse technique ne se limite pas au trading; ses concepts peuvent être appliqués dans divers domaines de la vie quotidienne. Ici, nous te montrerons comment les compétences acquises en analyse technique peuvent être précieuses dans la prise de décisions personnelles et professionnelles. Nous t'encourageons à voir au-delà du marché financier et à appliquer ces connaissances dans ta vie.

Les principes de l'analyse technique s'appliquent non seulement au monde du trading, mais aussi à la vie quotidienne. Commence à comprendre la pertinence et la polyvalence de ces compétences au-delà des marchés financiers.

Dans la vie même, tu peux appliquer les principes du trading, de l'investissement. Nous t'expliquons comment.

L'Analogie des Décisions Quotidiennes

L'analyse technique implique l'évaluation de données historiques et de modèles pour prendre des décisions correctes. Cela ressemble aux décisions quotidiennes que nous prenons tous :

1. **Planification Financière :** Tout comme un trader planifie sa stratégie de trading, les gens planifient leur budget, leurs économies et leurs investissements pour atteindre leurs objectifs financiers.

2. **Évaluation des Risques :** La gestion des risques est clé tant dans le trading que dans la vie quotidienne. Les gens évaluent les risques en achetant une maison, en choisissant un travail ou en prenant des décisions de santé.

3. **Analyse des Tendances :** En observant les tendances historiques, comme les taux d'intérêt ou les prix de l'immobilier, les gens peuvent prendre des décisions plus éclairées.

4. **Révision des Données Passées :** Tout comme un trader révise des données passées, les gens peuvent apprendre de leurs propres expériences et décisions passées.

La Psychologie dans la Prise de Décisions

La psychologie joue un rôle fondamental dans nos décisions quotidiennes. Quelques exemples incluent:

1. **Achats Émotionnels :** Les achats impulsifs sont dominés par des émotions, comme la cupidité ou la peur de manquer une offre. Un exemple est la peur de passer à côté, très à la mode dans le monde des cryptomonnaies, le célèbre FoMO (Fear of Missing Out).
2. **Décisions de Carrière :** Choisir une carrière, changer d'emploi ou négocier une augmentation salariale implique la psychologie, comme la confiance en soi et l'auto-évaluation.
3. **Relations Personnelles :** Les dynamiques interpersonnelles sont souvent influencées par la psychologie, comme l'empathie et la communication efficace.

L'Apprentissage Continu

Tout comme les traders cherchent à améliorer leurs compétences, les gens peuvent bénéficier de l'apprentissage continu dans la vie quotidienne. Cela peut inclure :
1. **Éducation Financière :** Apprendre sur les investissements, les impôts et la planification financière peut améliorer la sécurité financière.
2. **Développement Personnel :** La formation et le développement personnel peuvent accroître les compétences en communication, en leadership et en résolution de problèmes.
3. **Amélioration de la Santé :** Apprendre sur les habitudes de vie saines et la nutrition peut avoir un impact positif sur la santé.

Messages Motivants pour Débuter ton Voyage

Je ne veux pas conclure ce premier chapitre sans te donner une tape dans le dos. Ce n'est pas une mauvaise idée d'imprimer cette page et de la mettre à côté de l'écran de ton ordinateur.

Commencer un nouveau chemin dans le monde de l'analyse technique peut être excitant, mais aussi stimulant.

Sur cette page, nous te fournirons des messages motivants pour t'inspirer à faire le premier pas dans ton voyage. Nous t'encouragerons à maintenir la détermination et la passion au fur et à mesure que tu t'immerges dans l'analyse technique et ses possibilités infinies.

Voici quelques messages motivants pour te propulser dans ton chemin vers le succès dans le trading :

1. "La connaissance est la clé du succès. À mesure que tu en apprends davantage sur l'analyse technique, tu seras mieux préparé à prendre des décisions appropriées dans tes opérations."

2. "Rappelle-toi que même les traders les plus réussis ont commencé de zéro. Chaque pas que tu fais te rapproche davantage de tes objectifs financiers."

3. "L'analyse technique n'est pas une formule magique, mais elle te fournit une boussole pour naviguer sur les marchés. Avec patience et pratique, tes compétences s'amélioreront avec le temps."

4. "Les pertes font partie du jeu, mais chaque perte est une leçon. Ne te décourage pas devant les obstacles ; utilise-les plutôt comme des marches vers le succès."

5. "L'analyse technique est un outil puissant, mais la discipline est ta meilleure alliée. Suis ton plan de trading et maintiens le calme dans toutes les situations."

6. "Peu importe si tu trades des actions, des devises ou des cryptomonnaies; l'analyse technique est une compétence transférable. Apprends à l'utiliser dans différents marchés."

7. "La constance est la clé. Ne cherche pas des gains rapides, cherche une approche solide et constante qui te conduira à des résultats à long terme."

8. "L'analyse technique te donne un avantage, mais n'oublie pas qu'aucune analyse n'est infaillible. Gère toujours le risque et utilise le bon sens dans tes décisions de trading."

9. "Ne cesse jamais d'apprendre. Les marchés évoluent, et ta connaissance doit évoluer aussi. L'éducation continue fera de toi un trader plus chanceux."

10. "Le trading est un chemin exigeant, mais c'est aussi une opportunité excitante pour atteindre tes objectifs financiers. Garde la passion et continue d'avancer!"

Ces messages motivants sont conçus pour t'inspirer dans ton périple d'apprentissage en analyse technique. Le trading peut être un chemin difficile, mais avec persévérance et une mentalité positive, tu peux atteindre tes objectifs financiers et devenir un trader très réussi.

Continue avec détermination et confiance!

Chapitre 2: Démystification de l'Analyse Technique et Chartiste

Par Liam Kim Admund

Bienvenue dans le passionnant Chapitre 2, où nous plongerons dans le monde de la démystification de l'analyse technique et chartiste. Ici, nous dissipons les mythes courants, explorons la psychologie des investisseurs et son lien avec l'analyse technique, revisitions les outils techniques en rappelant leur signification et leur utilisation, afin que vous n'ayez pas à revenir en arrière, et surtout, nous vous motivons à surmonter les barrières mentales qui pourraient entraver votre succès.

Vous constatez déjà que insister ne nous dérange pas, répéter les données de base et les notions fondamentales sera la dynamique de cet apprentissage. Nous ne voulons pas que quoi que ce soit vous échappe, rappelez-vous-en lorsque vous réviserez les chandeliers japonais ou le volume, ce sont des notions importantes qui ne doivent pas être oubliées depuis le premier chapitre. Ce que nous souhaitons, surtout, c'est qu'après avoir lu quelques pages, vous puissiez dire que vous avez déjà une idée de tout cela, et surtout, que vous prenez du plaisir. Lorsque vous aurez terminé la lecture de ce deuxième chapitre, vous commencerez à avoir plus de maîtrise sur le sujet.

Révélation des Mythes Courants

Commençons par dissiper ces mythes qui circulent depuis des années. Avez-vous déjà entendu dire que l'analyse technique est simplement une question de devinette ou qu'elle est imprévisible ? Clarifions ces mythes qui sont, pour la plupart, incorrects ! L'analyse technique repose sur des données réelles, des schémas observables et de la logique. Dans la première partie de ce chapitre, nous allons dissiper les nuages épais de mythes qui ont caché la véritable essence de l'analyse technique. Ces mythes, bien qu'enracinés dans l'esprit de beaucoup, ne sont rien de plus que des idées fausses qui ont circulé dans le monde financier.

1. **Le Mythe de la Divination:** L'un des mythes les plus courants est que l'analyse technique est basée sur la divination. Cependant, nous allons démontrer que ce n'est ni de la magie ni de la divination. C'est l'art de comprendre les schémas historiques pour prendre des décisions judicieuses. De nombreux critiques affirment que l'analyse technique n'est rien de plus que de la divination ou une prédiction du marché. En réalité, l'analyse technique repose sur l'étude des données historiques, des schémas et des tendances. Ce n'est pas une boule de cristal, mais une approche basée sur des preuves, sur ce qui s'est passé et qui est très probablement susceptible de se reproduire.

2. **La Fallacie de l'Imprévisibilité:** Un autre mythe populaire est que les marchés sont imprévisibles et donc, l'analyse technique est inutile. Mais nous allons décomposer comment, bien que les marchés puissent être volatils, l'analyse technique fournit une base solide pour prendre des décisions étayées par des données historiques.

3. **La Croyance en des Formules Magiques:** Certains pensent qu'il existe des formules magiques garantissant le succès dans le trading. Ici, nous allons démystifier cette notion et nous concentrer sur l'analyse technique comme une discipline qui nécessite étude et pratique.

4. **Le Mythe de l'Information Privilégiée:** Souvent, on pense que seuls les initiés, ou ceux ayant des informations privilégiées, peuvent réussir. Cependant, nous allons démontrer que l'analyse technique offre à tous les investisseurs un outil équitable basé sur des données publiques.

5. **Seuls les Experts Peuvent le Faire:** Certaines personnes pensent que l'analyse technique est si complexe que seuls les experts peuvent l'utiliser avec succès. Nous voulons montrer que, bien que des compétences avancées puissent être développées, les concepts fondamentaux de l'analyse technique sont accessibles à tout investisseur prêt à apprendre.

6. **Ça ne Fonctionne pas sur les Marchés Modernes:** Ce mythe suggère que l'analyse technique est obsolète sur les marchés actuels dominés par des algorithmes et une haute fréquence. Nous expliquerons comment l'analyse technique reste pertinente et efficace dans ces environnements, en s'adaptant aux conditions changeantes du marché.

7. **L'Analyse Technique est 100% Précise:** Certains investisseurs peuvent croire à tort que l'analyse technique offre toujours des prédictions précises. Nous montrerons qu'aucun outil d'analyse n'est infaillible et que la gestion des risques et la discipline sont nécessaires, même en analyse technique. Nous allons démonter ces mythes pour que vous puissiez comprendre la vraie nature de l'analyse technique.

Prêts à laisser derrière vous les idées fausses et à embrasser la réalité!

La Psychologie de l'Investisseur et sa Relation avec l'Analyse Technique

La psychologie joue un rôle vital dans les décisions d'investissement. Il est fascinant d'étudier l'intérieur de l'esprit de l'investisseur et comment ses émotions peuvent influencer les décisions de trading. Dans cette section, plongeons dans un aspect essentiel mais souvent négligé de l'analyse technique : la psychologie de l'investisseur. La relation entre l'esprit d'un investisseur et l'analyse technique est cruciale, car nos émotions peuvent influencer nos décisions de trading. Ici, nous analyserons cette relation et fournirons des conseils pour prendre des décisions raisonnées et rationnelles.

L'Importance de la Psychologie de l'Investisseur

Commençons par expliquer pourquoi la psychologie de l'investisseur est une partie intégrale de l'analyse technique. Les investisseurs sont souvent motivés par des émotions telles que la peur, la cupidité et l'impatience, ce qui peut conduire à des décisions irrationnelles. En comprenant comment nos émotions peuvent influencer nos actions, les investisseurs peuvent prendre des mesures pour minimiser ces effets négatifs.

La Discipline et la Psychologie de l'Investisseur

La discipline est l'une des qualités les plus précieuses qu'un investisseur puisse cultiver. La psychologie de l'investisseur joue un rôle fondamental dans le maintien de cette discipline. Cela est lié à la gestion des risques et à l'adhésion à un plan de trading. La psychologie peut aider ou entraver la prise de décisions disciplinées. La psychologie de l'investisseur est un facteur critique qui influence les décisions et les résultats dans le monde du trading. Ici, nous explorerons en détail pourquoi la psychologie de l'investisseur est d'une importance centrale et comment elle peut influer sur l'analyse technique et chartiste.

1. **Émotions et Prise de Décisions:** Les émotions jouent un rôle significatif dans les décisions d'investissement. La peur et la cupidité sont deux des émotions les plus puissantes qui peuvent pousser les investisseurs à prendre des décisions impulsives. Comprendre comment ces émotions influent sur les décisions et les modèles de trading est fondamental pour le succès à long terme. Compte jusqu'à cent et respire profondément avant d'appuyer sur le bouton lorsque tu te trouves dans ces situations, comme Lucian te l'a parlé des stop-loss, rappelle-toi.

2. **Biais Cognitifs:** Les investisseurs peuvent être affectés par plusieurs biais cognitifs, tels que la surconfiance ou l'effet de troupeau, qui peuvent conduire à des décisions irrationnelles. Ces biais peuvent souvent influencer l'interprétation des graphiques et des schémas de l'analyse technique, ce qui rend essentiel de les reconnaître et d'apprendre à éviter de tomber dans leurs pièges. Ne dévie pas de ta stratégie, même si tu vois que ton ami, ton voisin ou ton mentor prend des risques, tu dois rester fidèle à toi-même, à ta stratégie. C'est une façon d'éliminer ce type de biais.

3. **Maintenir la Discipline:** La psychologie de l'investisseur joue un rôle crucial dans le maintien de la discipline dans le trading. La discipline est nécessaire pour gérer les risques et ne pas laisser les émotions prendre le contrôle. Un manque de discipline peut conduire à des décisions impulsives et à des pertes financières. Grave cela dans ta mémoire.

4. **Contrôle des Émotions:** Apprendre à contrôler les émotions est essentiel pour réussir dans le trading. Les investisseurs doivent être capables de rester calmes sous pression et de ne pas se laisser emporter par la panique ou l'euphorie. Cela permet de prendre des décisions plus rationnelles et de suivre un plan de trading de manière cohérente.

5. **Adaptation aux Conditions du Marché:** Les conditions du marché peuvent changer rapidement, et les investisseurs doivent s'adapter à ces conditions. La psychologie de l'investisseur peut influencer la capacité d'un investisseur à ajuster ses stratégies au besoin. La résistance émotionnelle et la flexibilité sont cruciales.

6. **Évaluation des Résultats:** La psychologie de l'investisseur influence également la manière dont les résultats sont évalués. Les investisseurs doivent être capables d'apprendre des transactions précédentes, même si elles se soldent par des pertes. La capacité de maintenir une mentalité positive et d'apprendre des erreurs est essentielle pour la croissance et l'amélioration dans le trading.

La psychologie de l'investisseur joue un rôle fondamental dans l'analyse technique et chartiste. Comprendre comment nos émotions peuvent influencer nos décisions d'investissement et apprendre à les contrôler est essentiel pour réussir dans le trading. Cette section fournira aux lecteurs une compréhension plus approfondie de cet aspect critique et leur donnera les outils nécessaires pour prendre des décisions plus appropriées et rationnelles dans leurs opérations. Je vais te demander de relire à partir de la fin du chapitre un. Commence par les messages motivants et remonte jusqu'ici. Ensuite, continue la lecture.

Contrôle émotionnel et prise de décisions rationnelles

Le contrôle émotionnel est essentiel pour éviter les décisions impulsives et maintenir une mentalité rationnelle dans le trading. Nous examinerons comment les émotions peuvent influencer la prise de décisions et fournirons des stratégies pour maintenir le contrôle émotionnel.

L'un des plus grands défis dans le trading est de maintenir le contrôle émotionnel, surtout lorsque les marchés sont volatils et que les gains ou les pertes peuvent être significatifs. Ici, nous explorerons comment les émotions peuvent affecter les décisions de trading et fournirons des stratégies pour maintenir le contrôle.

1. **Conscience émotionnelle:** La première étape pour le contrôle émotionnel est la conscience des émotions. Les investisseurs doivent apprendre à reconnaître quand ils ressentent de la peur, de la cupidité, de l'impatience ou d'autres émotions qui peuvent influencer leurs décisions. L'auto-évaluation régulière est clé pour ce processus.

2. **Planification et gestion des risques:** L'une des approches les plus efficaces pour maintenir le contrôle émotionnel est d'avoir un plan de trading solide qui inclut la gestion des risques. Les investisseurs doivent définir des limites claires pour les pertes et les gains, et doivent s'y tenir quelles que soient leurs émotions du moment. Cela peut aider à prévenir les décisions impulsives.

3. **Distance émotionnelle:** Maintenir une distance émotionnelle des transactions est fondamental. Les investisseurs ne doivent pas s'attacher à une transaction et doivent être prêts à fermer des positions si l'analyse technique ou les signaux indiquent que c'est la bonne chose à faire, même si la transaction ne se déroule pas comme prévu. "Ne tombez jamais amoureux d'une valeur."

4. **Éviter la sur-négociation:** La sur-négociation est un problème courant lié à l'impatience et au désir de gains rapides. Les investisseurs doivent apprendre à résister à la tentation de trop trader et à respecter leur plan de trading. Si vous avez eu une mauvaise journée pendant le temps que vous avez prévu de travailler, éteignez l'ordinateur et "demain est un autre jour."

5. **Pratiquer l'autodiscipline:** L'autodiscipline est la capacité de suivre un plan et de prendre des décisions rationnelles plutôt qu'émotionnelles. Les investisseurs doivent s'efforcer de développer cette compétence au fil du temps. Cela inclut la capacité de rester calme dans des situations stressantes et de ne pas se laisser emporter par l'euphorie lorsque les choses vont bien. C'est un aspect fondamental, gardez-le à l'esprit. Je dirais, en contredisant mon collègue Lucian, que c'est beaucoup plus important que de maîtriser les indicateurs techniques.

6. **Apprendre des expériences:** Chaque transaction, gagnante ou perdante, offre une opportunité d'apprentissage. Les investisseurs doivent analyser leurs décisions et résultats pour s'améliorer constamment. Cette approche peut aider à réduire la peur de l'échec, car chaque erreur devient une leçon. Dans les cercles financiers, on dit souvent: "soit je perds, soit j'apprends". Cela doit être pris avec des pincettes, entre guillemets. Mais cela a un fondement qui se rapproche beaucoup de la vérité.

Le contrôle émotionnel est essentiel pour prendre des décisions rationnelles et maintenir la discipline dans le trading. Tout au long de cette section, nous fournirons des exemples pratiques et des stratégies pour vous aider à développer ces compétences critiques. Contrôler les émotions est un aspect clé de la relation entre la psychologie de l'investisseur et l'analyse technique.

Exemples pratiques de psychologie dans le trading

Vous remarquez que nous nous répétons à nouveau ? Continuez, car il est important de graver tout cela en vous. Tous ces concepts vous seront illustrés par des exemples où la psychologie de l'investisseur joue un rôle prépondérant. Je vais vous montrer comment les émotions peuvent conduire à des erreurs courantes et comment vous pouvez éviter de tomber dans ces pièges.

Pour illustrer comment la psychologie de l'investisseur peut influencer le trading, je vous présenterai quelques exemples pratiques de situations courantes où les émotions peuvent être déterminantes dans la prise de décisions. Cela vous aidera à comprendre mieux comment la psychologie peut impacter l'analyse technique et chartiste.

1. **La peur des pertes:** L'un des exemples les plus courants est la peur des pertes. Imaginez que vous avez ouvert une position sur le marché et, après un certain temps, le prix commence à baisser. La peur de subir une perte peut conduire à des décisions impulsives, comme clôturer la transaction prématurément, même si l'analyse technique suggère qu'elle devrait rester ouverte. Cette peur des pertes empêche souvent les investisseurs de suivre leur plan de trading. Mais attention, parfois il faut fermer, tant que l'étude prévue a échoué, l'important est une bonne étude. Avoir une stratégie programmée conforme à ce que vous avez appris, avec les instruments techniques, les modèles, les fondamentaux et ce que vous cultivez dans ce chapitre.

2. **L'euphorie des gains:** D'un autre côté, l'euphorie qui survient lorsqu'une transaction génère des gains peut également conduire à des décisions tout aussi risquées. Un investisseur pourrait avoir l'impression que le marché évoluera toujours en sa faveur et, par conséquent, prendre des décisions impulsives, comme ouvrir de nouvelles positions sans une analyse appropriée ou augmenter le risque sur des transactions existantes. Ça vous semble familier?

3. **L'effet de troupeau:** L'effet de troupeau ou groupe est un autre exemple pertinent. Lorsque les investisseurs suivent la foule et copient les transactions populaires, souvent poussés par la peur de manquer des opportunités (le célèbre FoMO que nous avons déjà vu), ils peuvent se retrouver dans des situations à haut risque. Cela peut entraîner une volatilité encore plus importante sur les marchés et des décisions impulsives qui ne sont pas basées sur une analyse technique solide.

   Dans le jargon financier, de nombreuses phrases à ce sujet sont utilisées, qui, tout comme les proverbes, basés sur l'histoire et la coutume, ne manquent pas de raison. Nous devons fuir les situations extrêmes où le marché est euphorique et tout le monde veut entrer. Derrière, il y aura sûrement les "baleines" attentives pour attaquer. C'est l'effet de troupeau, et il a généralement raison, que ce soit pour acheter ou vendre. Par exemple, quand les cryptomonnaies étaient sur toutes les lèvres, avec le bitcoin dépassant les 60 000 dollars, vers 2021, tout le monde, sans la préparation et la formation adéquates, voulait faire partie de la vague et achetait même "à effet de levier", c'est-à-dire endettés. C'était alors que l'investisseur avisé vendait. Beaucoup de gens ont fait faillite, ils sont restés piégés. Maintenant, que personne ne parle de cryptomonnaies, c'est peut-être le moment d'acheter. Ce n'est pas un conseil d'investissement, mais je suis en train d'illustrer la théorie de l'investisseur.

4. **La négation des pertes:** Certains investisseurs peuvent avoir du mal à accepter les pertes et peuvent nier la réalité, espérant que le marché évoluera en leur faveur. Cela peut les amener à maintenir des positions perdantes pendant longtemps, entraînant des pertes encore plus importantes. La déni des pertes est un exemple de la façon dont les émotions peuvent entraver l'analyse technique rationnelle. N'oubliez pas, il vaut mieux perdre que perdre davantage. L'entêtement vous mène à la ruine.

5. **L'impatience:** L'impatience est un autre exemple courant de la façon dont les émotions peuvent influencer le trading. Les investisseurs impatients peuvent passer d'une stratégie à une autre, cherchant des résultats rapides et changeant constamment leurs plans de trading. Cela peut conduire à un manque de cohérence et à l'incapacité de suivre une stratégie à long terme basée sur une analyse technique.

Ces exemples soulignent l'importance de reconnaître comment les émotions peuvent influencer les décisions de trading et comment la psychologie de l'investisseur peut être un facteur critique. La gestion des émotions et le développement de la discipline sont des compétences fondamentales pour les investisseurs souhaitant utiliser l'analyse technique de manière efficace et prendre des décisions basées sur une analyse rationnelle plutôt que sur des émotions momentanées.

La Psychologie de l'Investisseur et l'Analyse Technique

Enfin, nous relierons tous ces concepts à l'analyse technique. J'essaierai d'expliquer comment la connaissance de la psychologie de l'investisseur peut améliorer l'application de l'analyse technique. En comprenant comment fonctionnent nos esprits dans le monde du trading, les investisseurs peuvent prendre des décisions plus judicieuses et, en fin de compte, obtenir de meilleures performances dans leurs investissements.

Cette section éclairera l'importance de la psychologie de l'investisseur et sa relation avec l'analyse technique, vous offrant une compréhension plus profonde de la manière de contrôler vos émotions et de prendre des décisions plus rationnelles dans le monde du trading.

La relation entre la psychologie de l'investisseur et l'analyse technique est intrinsèque et joue un rôle crucial dans le succès ou l'échec d'un trader. Plongeons un peu plus dans la manière dont la psychologie de l'investisseur s'entrelace avec l'analyse technique et comment-elle peut influencer les décisions de trading.

1. **Émotions et Prise de Décisions:** Les émotions sont une partie essentielle de la psychologie de l'investisseur. La cupidité, la peur, l'espoir et l'euphorie peuvent influencer les décisions de trading. Lorsqu'un investisseur observe un motif technique, tel qu'une tendance haussière, ces émotions peuvent le pousser à agir de manière impulsive, à ouvrir ou fermer des opérations sans une analyse objective. Compte et respire. Étudie et sois prudent.

2. **Interprétation des Graphiques et des Modèles:** L'interprétation des graphiques et des modèles est une compétence clé dans l'analyse technique. Cependant, la psychologie peut influencer la manière dont un investisseur interprète ces graphiques. La tendance à rechercher des modèles qui soutiennent ce que l'on veut voir plutôt que ce qui est réellement présent est un biais cognitif courant. Cela peut conduire à des décisions incorrectes et à des pertes financières. Je te dis déjà que tu verras des illusions là où il n'y en a pas, un triangle ou une tête-épaules quand il s'agit en réalité d'une ombrelle, ou d'un retournement. Le trader ne se forme pas en deux jours, il faut beaucoup d'expérience pour lire les graphiques avec une fiabilité acceptable. Tu dois commencer par le début et progresser avec les jours et le travail.

3. **Stratégies de Contrôle Émotionnel:** Les investisseurs doivent développer des stratégies de contrôle émotionnel pour éviter que les émotions ne dictent leurs décisions. Cela inclut l'établissement de limites claires pour les pertes et les gains, le respect d'un plan de trading et la pratique de l'autodiscipline. N'oublie pas d'utiliser les stop-loss et les take-profit.

4. **Éviter l'Effet de Foule:** L'effet de foule est un phénomène où les investisseurs suivent les décisions de la majorité au lieu de faire confiance à leur propre analyse. La psychologie de l'investisseur peut amener quelqu'un à rejoindre une foule et à prendre des décisions irréfléchies basées sur l'émotion et la pression sociale. Fais très attention à cela, nous sommes humains et nous sommes tous tentés de suivre les autres dans les cas de succès facile.

5. **Adaptation aux Conditions du Marché:** La psychologie influe également sur la capacité d'un investisseur à s'adapter aux conditions changeantes du marché. La résistance émotionnelle et la flexibilité sont essentielles pour ajuster les stratégies de trading en fonction des besoins du marché.

6. **Évaluation des Résultats:** La manière dont les investisseurs évaluent leurs résultats est profondément ancrée dans leur psychologie. La capacité d'apprendre des opérations précédentes et de maintenir une mentalité positive, même après des pertes, est essentielle à la croissance et à l'amélioration dans le trading.

La relation entre la psychologie de l'investisseur et l'analyse technique est un aspect critique du trading. Comprendre comment les émotions peuvent influencer les décisions et apprendre à les contrôler est fondamental pour le succès. J'insiste. Je veux que tout cela vous conduise à une compréhension plus approfondie de l'influence de la psychologie sur l'analyse technique et à la création de stratégies pour maintenir le contrôle émotionnel. N'oubliez pas de prendre des décisions basées sur une analyse rationnelle plutôt que sur des émotions momentanées, c'est fondamental si vous ne voulez pas vous retrouver hors du marché. Je souligne que 90% des nouveaux traders sont hors jeu parce qu'ils ne se respectent pas eux-mêmes.

Outils Avancés et Exemples Pratiques

À partir de maintenant, nous avancerons un peu plus vers les outils rarement mentionnés dans les livres conventionnels. Nous explorerons des exemples pratiques qui vous montreront comment appliquer ces outils dans des situations réelles. Préparez-vous à plonger dans le monde de la projection de Fibonacci, de l'analyse du volume et bien plus encore.

Nous entrerons dans la dimension la plus avancée de l'analyse technique et chartiste. C'est là que les traders experts trouvent des opportunités cachées et prennent des décisions idéales. Nous étudierons, bien que très brièvement, des outils qui vont au-delà du basique et quelques exemples pratiques, illustrant comment ils sont appliqués dans des situations réelles.

Projection de Fibonacci:
Ici, vous découvrirez l'outil fascinant de la projection de Fibonacci. Vous apprendrez comment cette séquence mathématique peut vous aider à identifier des niveaux potentiels de support et de résistance dans les graphiques.
La Projection de Fibonacci est une technique utilisée en analyse technique pour prévoir les niveaux de prix potentiels à l'avenir, basés sur les retours et les extensions des tendances précédentes du marché.
Cet outil repose sur la séquence de Fibonacci, une série de nombres où chaque nombre est la somme des deux précédents (par exemple, 0, 1, 1, 2, 3, 5, 8, 13, 21, et ainsi de suite).

En analyse technique, la Projection de Fibonacci est couramment utilisée pour identifier les niveaux de support et de résistance. Les niveaux les plus courants de Projection de Fibonacci sont:

1. **Retracement de 38.2%:** Ce niveau est calculé comme un possible retracement d'une tendance avant qu'elle ne continue dans la direction précédente.
2. **Retracement de 50%:** Ce niveau représente un retracement significatif, souvent considéré comme un point de retournement.
3. **Retracement de 61.8%:** Un niveau plus profond, utilisé pour identifier des retracements forts.
4. **Extensions de Fibonacci:** Ces niveaux sont utilisés pour identifier des zones potentielles de résistance ou de support à l'avenir. Les niveaux courants sont 161.8% et 261.8%.

Il est important de se rappeler que la Projection de Fibonacci n'est pas une garantie de mouvements de prix, mais peut être un outil utile pour les traders et les investisseurs lors de la prise de décisions.

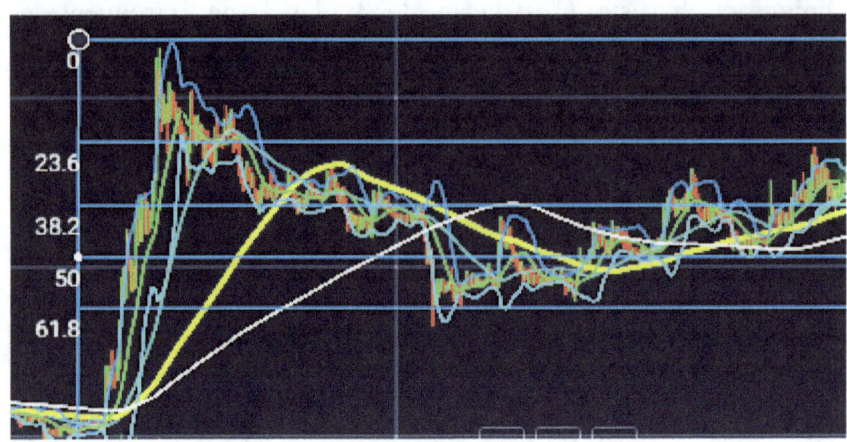

Figure 18. Lignes de Fibonacci. Bitcoin Cash

Observons le graphique du Bitcoin Cash, une autre cryptomonnaie, et comment le prix s'appuie tout en heurtant les niveaux de Fibonacci, rencontrant des résistances et des supports à chacune des extensions.

Analyse de Volume : Le volume de trading est un outil sous-estimé dans l'analyse technique. L'analyse du volume peut fournir des indices importants sur la force d'une tendance. À travers des exemples concrets, j'essaierai de vous faire comprendre comment interpréter le volume et l'utiliser dans votre analyse.

L'un des composants fondamentaux de l'analyse technique est l'analyse du volume de transactions. Ce concept fait référence à la quantité d'actifs financiers (actions, contrats à terme, cryptomonnaies, etc.) achetés et vendus sur un marché pendant une période de temps spécifique, généralement exprimée en unités ou en nombre total de transactions.

L'analyse du volume est utilisée pour comprendre l'intensité derrière les mouvements de prix. Voici quelques points clés sur la manière dont le volume peut influencer les décisions de trading:

1. **Confirmation des Tendances:** L'analyse du volume est un outil essentiel pour confirmer une tendance. Lorsque le volume augmente pendant un mouvement de prix dans une direction spécifique, la tendance a plus de chances d'être durable.

2. **Inversion des Tendances:** Les divergences entre le volume et le prix peuvent indiquer des changements potentiels de tendance. Si le prix augmente mais que le volume diminue, cela pourrait être un signal d'avertissement.

3. **Support et Résistance:** Les niveaux de support et de résistance peuvent être confirmés par des pics de volume à certains niveaux de prix. Des volumes élevés dans ces zones peuvent suggérer une plus grande importance.

4. **Gaps dans le Prix:** Les gaps, ou trous, dans les prix accompagnés d'un volume élevé peuvent être significatifs. Par exemple, un gap haussier avec un volume élevé pourrait indiquer un changement dans l'offre et la demande.

5. **Événements du Marché:** Le volume augmente souvent pendant les événements du marché, tels que les nouvelles économiques ou les annonces de résultats. Les traders peuvent utiliser le volume pour évaluer la réaction du marché à ces nouvelles.

Les indicateurs courants de volume comprennent le volume moyen, l'indice de flux monétaire et les barres de volume. Chacun de ces indicateurs fournit des informations supplémentaires sur le volume de trading et peut aider les traders à prendre des décisions éclairées.

Dans l'analyse technique, le volume est une pièce maîtresse du puzzle car il fournit des informations sur la force et l'authenticité des tendances, et aide les traders à prendre des décisions bien fondées. Il est essentiel de considérer l'analyse du volume avec d'autres indicateurs techniques pour obtenir une image complète des marchés financiers et améliorer la précision des décisions de trading.

Motivation pour Surmonter les Barrières Mentales

Revenons une fois de plus à l'essentiel. Avec ce manuel, nous allons vous aider à surmonter ces barrières mentales qui peuvent entraver votre parcours. La page suivante est à nouveau à imprimer et à avoir à portée de main.

Nous avons tous fait face à des doutes et des obstacles à un moment donné, mais nous vous fournirons les stratégies et l'inspiration pour les surmonter.

Rien ne doit vous arrêter dans votre quête de maîtriser l'analyse technique!

Nous allons éliminer les mythes, explorer votre esprit en tant qu'investisseur, élargir votre boîte à outils et vous motiver à surmonter toutes les barrières mentales qui se dresseront sur votre chemin.

Dans le monde du trading, les barrières mentales sont souvent le plus grand obstacle au succès. Les investisseurs sont confrontés à une série de défis psychologiques qui peuvent entraver leurs décisions et leur capacité à rester disciplinés dans des moments critiques. Mémorisez les points suivants pour surmonter ces barrières mentales et maintenir une mentalité positive et axée sur l'analyse technique.

1. **La Peur de la Perte:** L'une des obstacles les plus courants dans le trading est la peur de perdre de l'argent. Lorsque les investisseurs permettent à la peur de les paralyser, ils ont tendance à prendre des décisions impulsives, comme fermer des positions prématurément ou éviter de prendre des risques. La motivation pour surmonter cette peur implique de comprendre que les pertes font naturellement partie du trading et que la gestion appropriée des risques peut en minimiser l'impact.

2. **La Cupidité et l'Impatience:** La cupidité est un autre ennemi courant. Les investisseurs deviennent souvent cupides lorsqu'ils voient des gains immédiats, ce qui les amène à prendre des décisions émotionnelles plutôt que de suivre une stratégie solide. La motivation ici réside dans la discipline. Les investisseurs doivent se rappeler que le trading réussi repose sur la constance et la patience.

3. **Le Manque de Confiance:** Le manque de confiance en ses propres compétences et décisions de trading peut être paralysant. La motivation pour surmonter cette barrière implique l'éducation et la pratique. À mesure que les investisseurs acquièrent de l'expérience et des connaissances, leur confiance dans leur capacité à analyser et à prendre des décisions s'améliore.

4. **L'Influence de la Foule:** L'effet de foule, ou le fait de suivre les décisions de la majorité, peut conduire à des décisions irréfléchies. La motivation pour éviter ce comportement réside dans la compréhension que suivre la foule conduit rarement au succès à long terme dans le trading.

5. **Le Manque de Discipline:** Le manque de discipline peut conduire à des décisions impulsives, comme ne pas suivre un plan de trading ou ignorer les règles établies. La motivation pour maintenir la discipline consiste à se rappeler qu'un plan de trading solide est essentiel pour le succès et que l'adhésion à ce plan est cruciale.

6. **L'Adversité et les Pertes:** Les pertes et l'adversité sont inévitables dans le trading. La motivation pour surmonter ces difficultés réside dans la résilience et la capacité à apprendre des expériences négatives. Les pertes peuvent être des leçons précieuses sur le chemin du succès.

Rappelez-vous, comprendre et aborder ces défis psychologiques est essentiel pour maintenir une mentalité forte et axée sur l'analyse technique, ce qui vous permettra de prendre des décisions appropriées et basées sur des stratégies solides.

Chapitre 3 : Le Pouvoir des Graphiques et des Modèles de Prix

Par Lucian Andreadis

Décryptage des Graphiques et Leur Signification

Dans cette section, nous allons étudier de manière plus approfondie l'importance des graphiques dans l'analyse technique et ce qu'ils signifient pour les traders. Les graphiques sont l'épine dorsale de l'analyse technique, et comprendre leur signification est crucial. Nous rappellerons les types de graphiques les plus courants, tels que les graphiques en chandeliers japonais, les graphiques en barres et les graphiques linéaires. Nous avons déjà vu que chacun a son propre ensemble d'informations et fournit une perspective unique sur l'action des prix. Vous apprendrez à lire et à comprendre ces graphiques, ce qui vous permettra de prendre des décisions éclairées dans votre parcours de trading.

Les graphiques sont un outil essentiel dans l'analyse technique car ils vous permettent de visualiser l'action des prix sur un marché financier. Comprendre les différents types de graphiques et leur signification est fondamental pour prendre des décisions éclairées dans le trading. Ensuite, nous allons rappeler en détail les trois types courants de graphiques et les informations qu'ils fournissent :

1. **Graphiques en Chandeliers Japonais :** Ces graphiques sont largement utilisés par les traders du monde entier en raison des informations détaillées qu'ils fournissent. Chaque chandelle japonaise représente une période spécifique, comme une journée, une heure, voire des minutes. Chaque chandelle se compose d'un corps et de mèches.

Le corps de la chandelle montre la différence entre le prix d'ouverture et le prix de clôture pendant cette période. Les mèches représentent les points les plus hauts et les plus bas atteints pendant le même laps de temps. Les graphiques en chandeliers japonais offrent une vision approfondie de la psychologie du marché. Par exemple, une bougie haussière avec un corps important suggère un fort élan haussier, tandis qu'une bougie baissière avec un corps important indique une pression de vente significative. Les motifs de bougies, tels que le marteau ou l'étoile filante, sont des outils importants pour prédire les mouvements futurs des prix.

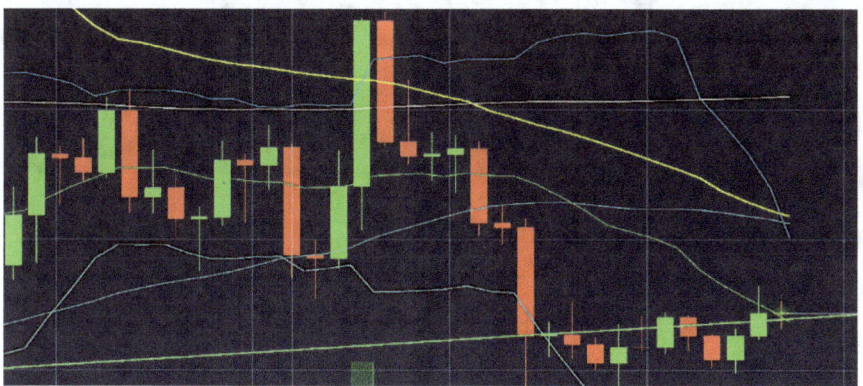

Figure 19. Graphique des bougies, Litecoin

2. **Graphiques en Barres :** Ces graphiques représentent l'action des prix sous forme de barres verticales. Chaque barre montre le prix d'ouverture, le prix de clôture, le prix le plus élevé et le prix le plus bas pendant une période de temps spécifique. La ligne verticale s'étend du prix le plus élevé au prix le plus bas, tandis que des lignes horizontales à gauche et à droite indiquent le prix d'ouverture et de clôture. Les graphiques en barres fournissent des informations similaires à ceux en chandeliers japonais, mais certains traders les préfèrent en raison de leur simplicité.

En observant une barre, les traders peuvent déterminer si le prix de clôture était plus élevé ou plus bas que le prix d'ouverture. Une barre haussière a le prix de clôture au-dessus du prix d'ouverture, tandis qu'une barre baissière a le prix de clôture en dessous du prix d'ouverture.

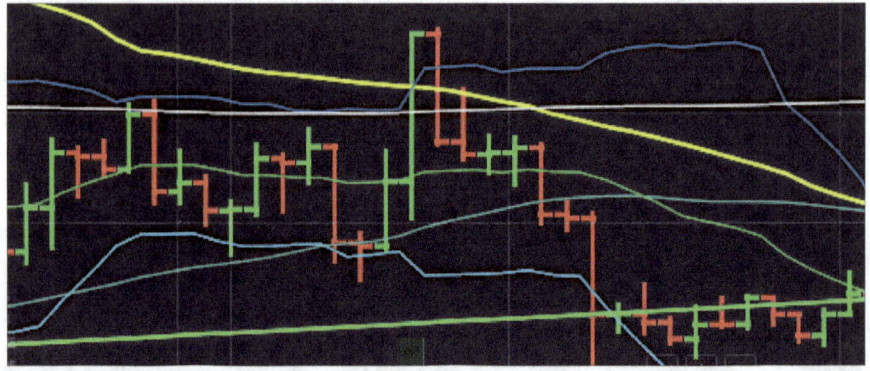

Figure 20. Graphique des barres

Voici le même graphique que celui en chandeliers pour le Litecoin, une autre cryptomonnaie bien connue, mais représenté en barres. Cela dépend des préférences de chacun, car certaines personnes préfèrent les barres, les chandeliers ou les lignes.

3. **Graphiques en Ligne :** Ces graphiques sont les plus basiques et sont créés en reliant les prix de clôture de chaque période avec des lignes. Bien qu'ils soient simples, ils sont utiles pour identifier les tendances générales à long terme. Cependant, ils n'offrent pas de détails sur les mouvements intrajournaliers ni ne fournissent d'informations sur les points les plus hauts et les plus bas pendant la période.

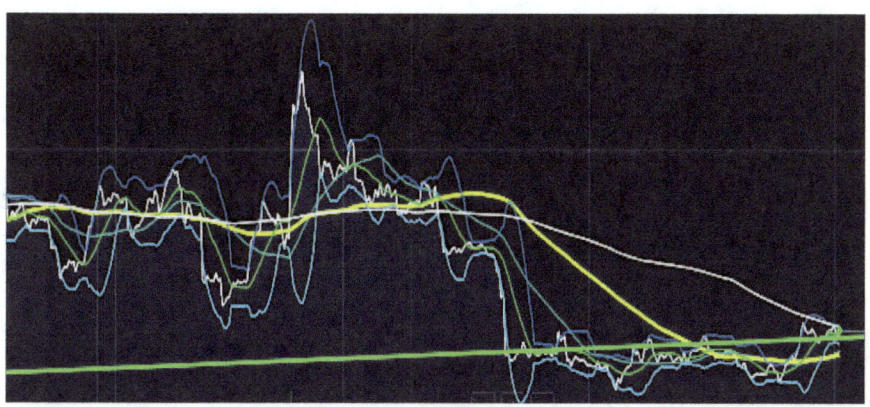

Figure 21. Graphique des lignes

La compréhension de ces graphiques et de leur signification est essentielle pour tout trader. Les graphiques en chandeliers japonais et en barres, en particulier, sont des outils précieux pour saisir la psychologie du marché et prendre des décisions éclairées. À mesure que nous avancerons dans ce livre, nous apprendrons à utiliser ces graphiques pour identifier des modèles, des tendances et des signaux de trading plus en profondeur.

Identification des Modèles Clés

Dans cette section, nous plongerons dans le monde passionnant des modèles de prix. Les modèles sont des formations répétitives sur les graphiques qui prédisent souvent des mouvements futurs. Nous examinerons les modèles clés tels que le double sommet, le double fond, la tête et les épaules, les triangles, et plus encore. Vous apprendrez à identifier ces modèles et à comprendre les signaux qu'ils fournissent. Les modèles peuvent indiquer à la fois un renversement de tendance et une continuation de tendance, offrant ainsi aux investisseurs un avantage dans la prise de décisions. L'identification de modèles clés est l'une des compétences les plus importantes dans l'analyse technique. En comprenant et en reconnaissant ces modèles, les traders peuvent prendre des décisions plus éclairées.

Voici quelques-uns des modèles clés et comment les identifier:

1. **Double Sommet et Double Fond:** Ces modèles indiquent une possible inversion ou un changement radical de tendance. Le double sommet se produit lorsque le prix atteint un niveau maximum deux fois, puis commence à baisser. Le double fond est l'inverse, avec deux creux suivis d'une augmentation des prix. Identifier ces modèles est crucial pour anticiper les changements de direction du marché.

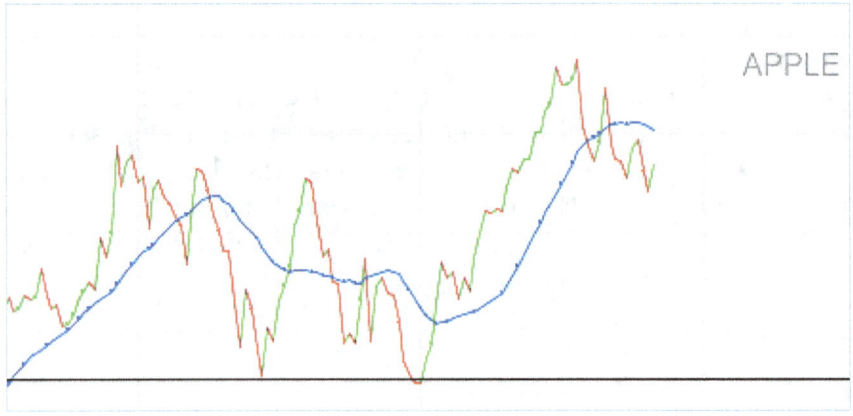

Figure 22. Figure de double fond. Apple

Voici un double creux que je dessine (ligne horizontale noire) dans la valeur d'Apple, ce qui indique un changement de tendance à la hausse.

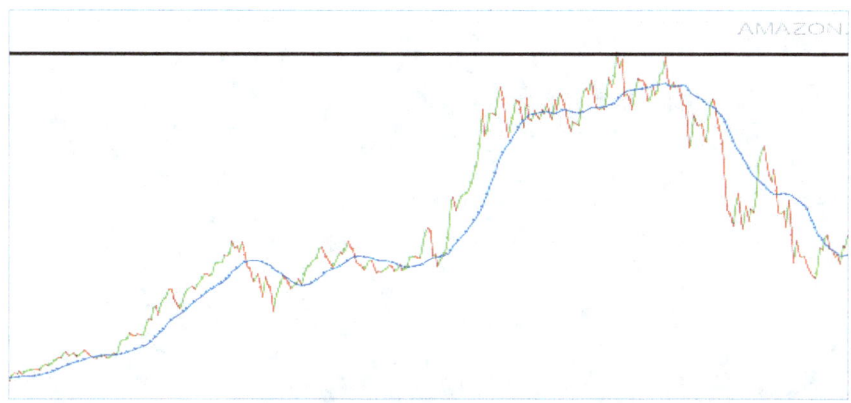

Figure 23. Figure de double sommet. Amazon

Ici, nous voyons la fin de la tendance haussière d'Amazon avec un double sommet (représenté par une ligne horizontale noire).

Les modèles de double sommet et de double creux, voire triples, sont assez fiables, surtout lorsqu'ils sont accompagnés d'une augmentation du volume et soutenus par des indicateurs tels que le RSI ou le MACD.

2. Tête et Épaules

Un autre modèle de retournement à prendre en compte est le modèle de tête et épaules. Ce modèle implique trois pics, avec le pic central (la "tête") plus haut que les deux autres (les "épaules"). Lorsque le prix tombe en dessous du "cou," une ligne reliant les points bas des deux épaules, une diminution supplémentaire est attendue. Ce modèle, communément appelé Tête et Épaules, est un signal très fiable d'un changement de tendance à la baisse. À l'inverse, nous pouvons rencontrer la figure inversée, suggérant un changement vers une tendance haussière.

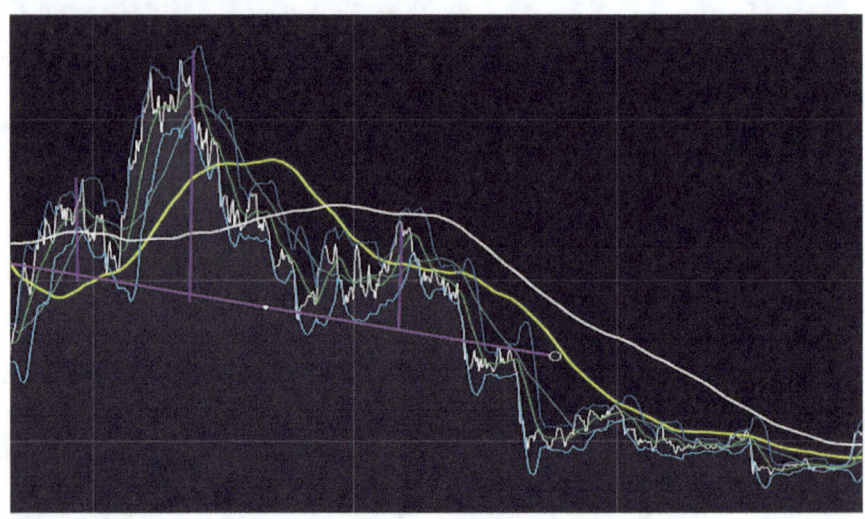

Figure 24. Épaule-Tête-Épaule. Bitcoin

Ici, nous observons la fin de la hausse historique du Bitcoin en 2021, représentée par une nette figure d'épaule-tête-épaule (HTE). Je la dessine en violet, en traçant la ligne du cou et en marquant verticalement les hauteurs des deux épaules et de la tête au centre. Prenez un moment ici et si vous avez accès à un logiciel de graphiques (il y en a beaucoup gratuits en ligne), recherchez cette figure dans une cotation et vérifiez sa fiabilité. La figure inverse de l'HTE est également courante sur les graphiques. Je t'en parlerai plus en détail plus tard.

3. **Triangles**

Les triangles sont une figure à prendre très au sérieux. Ils sont très fiables lorsqu'ils se forment au cours du deuxième tiers. Il est essentiel d'attendre la consolidation de la rupture, que ce soit à la hausse ou à la baisse, avant d'agir. Ci-dessous, je présente deux exemples différents pour que tu les observes.

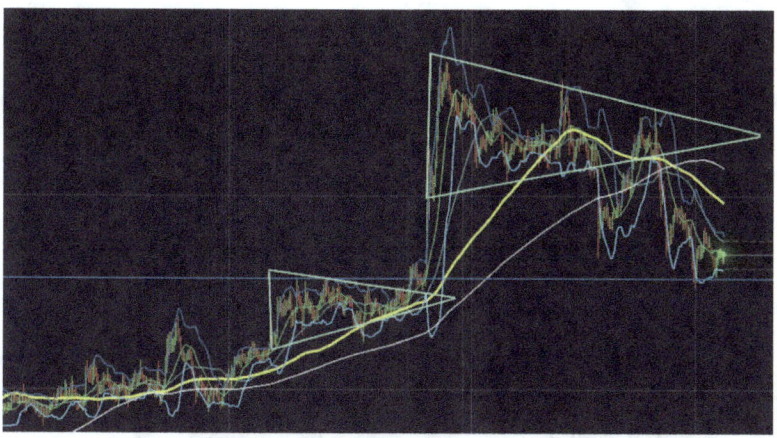

Figure 25. Figures de Triangles

4. **Biseaux :** Les biseaux peuvent être ascendants ou descendants. Un biseau ascendant se forme lorsque les sommets et les creux sont de plus en plus élevés, suggérant une rupture à la hausse. Un biseau descendant est l'inverse, avec des sommets et des creux décroissants qui préfigurent une rupture à la baisse.

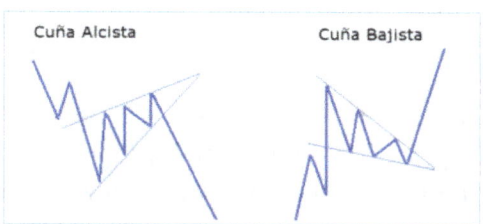

Figure 26. Biseaux

5. **Drapeau et Fanion :** Ces motifs sont souvent observés après un mouvement de prix important. Le drapeau est une petite consolidation avant que la tendance ne continue dans la même direction, tandis que le fanion est une consolidation encore plus petite. Les deux indiquent que la tendance précédente est forte et probablement en continuation. Tout comme la cuve, cette figure nous donnera un signal très fiable, s'il est accompagné d'un volume dans la même direction, nous pouvons prévoir une poursuite forte de la tendance.

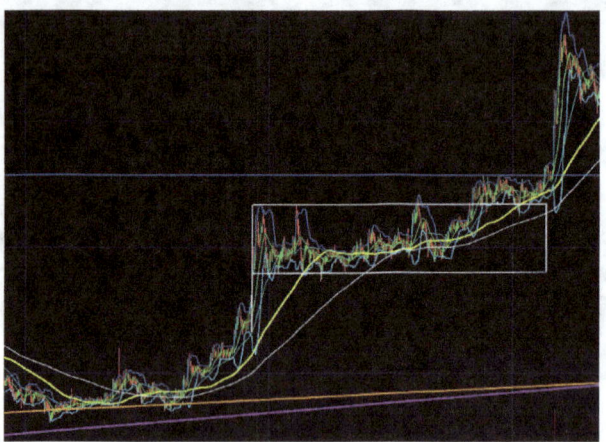

Figure 27. Drapeau. Bitcoin

Voici comment un fanion nous annonce une forte impulsion dans le prix du bitcoin. Nous voyons une rupture suivie d'un soutien avant de monter.

6. **Épaule-Tête-Épaule Inversée :** Contrairement au motif de tête et d'épaules mentionné précédemment, celui-ci indique une inversion haussière. Trois pics, avec la "tête" plus basse que les "épaules", suggèrent une possible inversion haussière lorsque le prix casse au-dessus du cou. Cette figure est plus rare à observer que celle de l'ETE et se présente parfois avec des variantes, comme des épaules doubles.

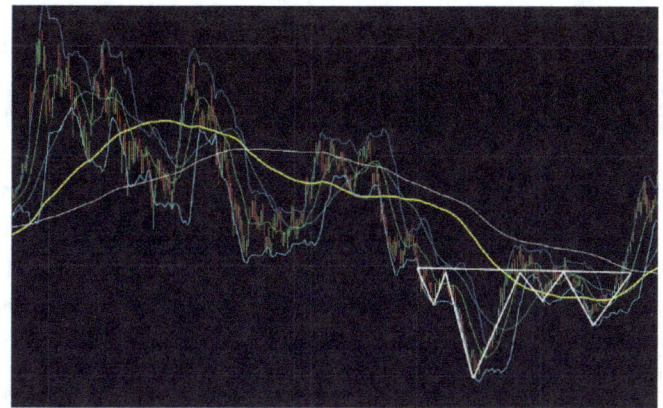

Figure 28. Épaule-Tête-Épaule-Épaule inversée. Tesla

Action de Tesla: En blanc, vous avez l'action de Tesla, le prix fait demi-tour à la hausse en formant une figure de HCHH inversé. L'identification de ces modèles nécessite de la pratique et de la patience. Ce sont les plus significatifs, il y en a beaucoup plus, et il existe également de nombreux manuels où vous pouvez les consulter. Nous les présentons à titre illustratif, nous vous avons déjà dit que l'émotion, la "tête", combinée à ces connaissances de base, est primordiale. Les traders à succès combinent l'analyse des modèles avec d'autres indicateurs techniques pour prendre des décisions de trading. Au fur et à mesure que nous avançons dans ce livre, nous apprendrons à appliquer ces modèles à des exemples pratiques et à développer des compétences pour devenir des experts dans l'identification de modèles clés sur les graphiques de prix.

Exemples pratiques d'application à réaliser par le lecteur

Dans cette section, je veux que vous cherchiez des exemples pratiques et que vous appliquiez vous-même les modèles de prix dans des situations réelles. Vous verrez comment ces modèles apparaissent sur les graphiques et comment ils sont utilisés pour prendre des décisions de trading. Cette approche pratique permet aux investisseurs d'acquérir de l'expérience dans l'application de leurs connaissances en analyse technique.

L'application des modèles de prix dans l'analyse technique est essentielle pour prendre des décisions éclairées dans le trading. Je vous demande maintenant de rechercher les modèles suivants sur un graphique et de vérifier comment le prix se comporte. N'ayez pas peur de "salir" ce livre avec votre dessin, entraînez-vous et tracez la ligne de prix et la figure, utilisez les trois graphiques différents, à chandeliers, à barres et linéaire respectivement. D'abord au crayon, puis ajoutez les couleurs par-dessus. Arrêtez-vous un moment avec chaque graphique, explorez et copiez. C'est ainsi que vous allez apprendre, ne vous contentez pas de regarder.

Exemple 1 - Double sommet: Imaginez que vous analysez le graphique d'une action et que vous remarquez que les prix atteignent un maximum d'environ x € à deux reprises. Cette formation ressemble à un "double sommet". En voyant cette structure, vous pourriez considérer qu'il est probable que le prix baisse après avoir touché le sommet une deuxième fois. Cela pourrait être un signal pour vendre si vous avez des positions longues (acheteuses) sur cette action. Introduisez les moyennes mobiles de 7 et 30 jours dans le prix ; calculez où elles se croisent. Même si cela vous semble compliqué, ce ne l'est pas.

PRECIO									

Exemple 2 - Triangle Ascendant : Supposons que vous suivez le prix d'une cryptomonnaie (par exemple, Solana) et que vous remarquez que les sommets sont de plus en plus élevés et les creux augmentent progressivement. Cette formation s'appelle "triangle ascendant". À mesure que le prix se rapproche du sommet du triangle, une pression haussière pourrait se former. Une fois que le prix casse la ligne supérieure du triangle, cela pourrait être un signal d'achat. Coordonnez cela avec le RSI sous le graphique et introduisez la moyenne mobile de 40 jours dans le prix.

PRECIO									
RSI									

Exemple 3 - Drapeau : Si vous observez un mouvement haussier fort suivi d'une petite consolidation sous la forme d'un canal étroit et parallèle, vous avez identifié un "drapeau haussier". Ce motif suggère que la tendance haussière précédente pourrait se poursuivre. Les traders cherchent souvent une rupture à la hausse du canal comme signal d'achat. Avançons un peu, oserez-vous avec les lignes de Fibonacci ? Veillez à ce que les niveaux de Fibo coïncident avec les résistances et les supports sur le prix. Revenez en arrière dans le livre et rappelez-vous des 61.8, 38.2, 50... Passez en revue les notions sur Fibonacci. De plus, vous devrez inclure sous le graphique des prix celui du volume.

PRECIO										
VOLUMEN										

Deviens un Expert des Modèles

Dans ce bloc, je vais t'encourager à devenir un véritable expert dans l'identification et l'application des modèles de prix. Je te donnerai des conseils et des techniques pour améliorer tes compétences de détection de modèles et rester à jour avec les formations émergentes. Nous discuterons également de l'importance de tenir un journal de trading et d'apprendre des expériences. Devenir un expert en modèles est un processus continu qui nécessite de la patience et de la pratique, et je te fournirai la motivation nécessaire pour entreprendre ce voyage de développement des compétences.

Ce chapitre décomposera le pouvoir des graphiques et des modèles de prix dans l'analyse technique. Tu acquerras une connaissance solide sur la façon d'interpréter les graphiques, d'identifier les modèles clés et de les appliquer dans tes opérations. La motivation pour devenir un expert en modèles te poussera à continuer d'apprendre et d'améliorer tes compétences de trading.

La maîtrise de l'identification et de l'application des modèles dans l'analyse technique est essentielle pour atteindre le succès dans le trading. Voici quelques étapes qui t'aideront à devenir un expert en modèles:

1. **Étude Continue:** La première clé pour devenir un expert en modèles est l'étude continue. Consacre du temps à apprendre sur une variété de modèles de prix, des plus basiques aux plus avancés. Il existe d'innombrables ressources en ligne, des livres et des cours qui peuvent t'aider à te familiariser avec ces modèles.

2. **Pratique:** La pratique constante est essentielle. Ouvre des graphiques historiques et commence à rechercher des modèles. Plus tu identifies souvent des modèles dans des données passées, mieux tu seras préparé pour les repérer en temps réel. La pratique t'aidera à perfectionner tes compétences et à gagner confiance en ta capacité à reconnaître des modèles.

3. **Combinaison avec d'Autres Indicateurs:** Les modèles de prix ne doivent que rarement être utilisés seuls. Ils sont souvent complémentaires à d'autres indicateurs techniques tels que les moyennes mobiles, les oscillateurs ou les niveaux de support et de résistance. Apprends comment utiliser les modèles en conjonction avec d'autres indicateurs pour prendre des décisions plus solides.

4. **Observation du Volume:** Le volume est un composant clé dans l'identification des modèles. Observe si les modèles se forment dans un contexte de volume élevé ou bas. Le volume peut valider la force d'un modèle.

5. **Patience et Discipline:** La patience et la discipline sont cruciales dans le trading. Ne te sens pas pressé de prendre une décision simplement parce que tu crois avoir identifié un modèle. Attends que le modèle soit confirmé et recherche des signaux supplémentaires avant d'agir.

6. **Gestion des Risques:** Apprends à gérer ton risque de manière efficace. Cela implique de définir des ordres stop-loss et take-profit en fonction des informations fournies par les modèles. Ne prends pas de risques excessifs sur une seule opération.

7. **Mise à Jour Continue:** Les marchés changent avec le temps, et les modèles qui ont fonctionné dans le passé peuvent devenir moins efficaces. Reste à jour avec les tendances du marché et ajuste tes stratégies au besoin.

8. **Apprends de tes Erreurs:** N'aie pas peur de commettre des erreurs. Chaque erreur dans le trading peut être une leçon précieuse. Analyse tes transactions passées, surtout celles qui impliquaient des modèles, et détermine ce qui a mal tourné et comment tu peux l'éviter à l'avenir.

9. **Réseau:** Interagis avec d'autres traders et partage tes idées. La communauté de trading peut fournir des perspectives et des retours précieux. Tu peux beaucoup apprendre en parlant avec d'autres traders qui étudient également les modèles de prix.

10. **Contrôle Emotionnel:** Garde tes émotions sous contrôle. Les modèles de prix peuvent générer des émotions, mais il est important de ne pas se laisser emporter par l'euphorie ou la peur. Suis ton plan de trading et prends des décisions basées sur des données et des analyses, pas sur des impulsions émotionnelles.

Devenir un expert en modèles de prix prend du temps et de la dévotion, mais cela peut être une compétence hautement lucrative dans le monde du trading. Avec une base solide et une pratique constante, tu peux utiliser les modèles de prix comme un outil efficace dans ta boîte à outils d'analyse technique.

Chapitre 4: Stratégies de Trading avec l'Analyse Technique

Par Liam Kim Admund

Introduction aux Stratégies de Trading

L'analyse technique fournit une base solide pour élaborer des stratégies de trading efficaces. Dans ce chapitre, nous explorerons différentes approches et techniques que les traders utilisent pour agir sur les marchés financiers. Nous commencerons par comprendre l'importance des stratégies de trading et comment elles peuvent vous aider à atteindre vos objectifs financiers.

Naviguer dans l'Océan des Opportunités

L'une des clés du succès dans le monde du trading est l'adoption de stratégies efficaces. Si l'on considère le titre de notre livre, "Ce Que Personne ne vous a Jamais Dit sur l'Analyse Technique et Chartiste", nous sommes prêts à dévoiler ce qu'il faut vraiment pour réussir sur les marchés financiers. Dans ce chapitre passionnant, nous explorerons le monde intrigant des stratégies de trading et comment l'analyse technique et chartiste devient votre alliée dans ce voyage financier excitant. Comme vous l'avez appris dans les chapitres précédents, l'analyse technique vous fournit les outils pour comprendre les mouvements de prix sur les marchés. Mais une question persiste : comment utilisez-vous cette information pour générer des profits ? C'est précisément ce que nous aborderons dans ce chapitre.

Pourquoi les Stratégies de Trading sont Cruciales?

Les stratégies de trading sont comme la carte qui guide un aventurier à travers des eaux inconnues. Tout comme un capitaine qui navigue sur un vaste océan, les traders font face à un océan de données et d'émotions en constante évolution. Sans une stratégie solide, ils peuvent se perdre au milieu de la tempête. Les stratégies de trading reposent sur des principes solides, des données historiques et une analyse technique. Elles fournissent une approche structurée pour entrer et sortir des transactions, gérer les risques et, en fin de compte, atteindre des objectifs financiers. En résumé, les stratégies sont le chemin vers le succès dans le trading.

Tout au long de ce chapitre, nous explorerons plusieurs aspects clés des stratégies de trading, de la sélection des actifs et des périodes de temps à la gestion des risques et à l'adaptation des stratégies à votre style personnel. Vous apprendrez comment combiner la sagesse de l'analyse technique avec une approche méthodique et disciplinée, et comment tracer un cours clair vers vos objectifs financiers.

Nous vous invitons à plonger dans ce monde fascinant des stratégies de trading, où vous découvrirez que l'analyse technique est la boussole qui vous guide dans votre voyage vers le succès financier. À mesure que nous avançons à travers ce chapitre, gardez à l'esprit la promesse que nous avons faite dans le titre de ce livre : nous allons vous révéler ce que personne ne vous a jamais dit, et ensemble, nous explorerons des territoires inconnus dans le monde du trading.

Les Piliers d'une Stratégie de Trading Efficace

Imaginez que votre stratégie de trading est comme un bâtiment solide. Pour le construire, vous avez besoin de piliers forts qui le soutiennent. Dans le monde du trading, ces piliers sont essentiels pour guider vos décisions et vous protéger des tempêtes financières. Dans cette section, nous allons explorer les trois piliers fondamentaux d'une stratégie de trading efficace:

1. **Analyse Technique et Chartiste comme Base Solide**
   Comme vous l'avez appris dans les chapitres précédents,
   l'analyse technique et chartiste est le fondement de toute
   stratégie de trading. Ces disciplines vous fournissent des
   outils pour comprendre les mouvements des prix, identifier
   des modèles et tendances, et prendre des mesures correctes.
   Vous apprendrez comment appliquer ces principes dans votre
   stratégie et comment la connaissance des graphiques peut
   être votre avantage sur le marché.

2. **Gestion des Risques: Protéger Votre Capital** La gestion
   des risques est le deuxième pilier critique de toute stratégie
   de trading. Sans une gestion solide des risques, même la
   stratégie la plus réussie pourrait vous mener au désastre. Ici,
   nous explorerons comment définir vos niveaux de risque,
   établir des stops et des limites, et gérer votre capital de
   manière efficace. Vous apprendrez comment protéger vos
   gains et minimiser vos pertes, ce qui est essentiel pour la
   survie à long terme dans le monde du trading.

3. **Discipline et Psychologie du Trading** Enfin, la discipline et
   la psychologie du trading sont le troisième pilier essentiel. Le
   trading est une activité émotionnellement intense, et l'autocontrôle est fondamental. Vous apprendrez comment rester
   calme en période de volatilité, comment éviter les pièges de
   la cupidité et de la peur, et comment maintenir la discipline
   pour suivre votre stratégie, même lorsque les émotions vous
   poussent dans des directions opposées.

Chacun de ces piliers se complète, formant ensemble la base de votre
stratégie de trading. Tout au long de ce chapitre, nous explorerons en
détail comment construire et renforcer ces piliers, vous fournissant
une base solide pour vos futures transactions. L'objectif est que vous
deveniez un architecte expert de votre propre stratégie de trading,
prêt à affronter tout défi que les marchés vous présentent.

Utilisation des Indicateurs Techniques dans le Trading

Les indicateurs techniques sont des outils clés dans l'analyse technique. Dans cette section, nous reviendrons et élargirons les informations sur la manière d'utiliser des indicateurs populaires tels que le RSI, le MACD, les moyennes mobiles et bien d'autres, pour identifier des opportunités de trading. Nous analyserons comment interpréter ces outils et comment ils s'intègrent dans les stratégies de trading.

Votre Guide pour des Signaux Précis

Les indicateurs techniques sont comme des phares éclairant la mer sombre du trading, fournissant des signaux et des indices sur d'éventuels mouvements du marché. Dans cette section, nous explorerons en profondeur comment utiliser ces indicateurs comme une partie fondamentale de votre stratégie de trading.

Le Rôle des Indicateurs Techniques

Avant de plonger dans la manière d'utiliser les indicateurs techniques, il est crucial de comprendre leur objectif. Les indicateurs techniques sont des outils mathématiques qui analysent les données de prix passées et, en fonction de cette analyse, génèrent des signaux qui peuvent vous aider à prendre des décisions maîtrisées. Ces signaux peuvent être liés à la direction de la tendance, à la force du mouvement des prix ou aux points d'entrée et de sortie.

Les indicateurs techniques sont une partie essentielle de l'analyse technique, et comprendre comment ils fonctionnent vous donnera un avantage significatif dans le trading. Il existe une grande variété d'indicateurs techniques disponibles, chacun ayant sa propre application spécifique.

Dans ce chapitre, nous examinerons certains des indicateurs les plus courants et leur utilisation dans des situations de trading réelles.

Exemples d'Indicateurs Techniques Populaires

1. **Moyenne Mobile:** La moyenne mobile est un indicateur de base mais puissant qui lisse les mouvements de prix pour identifier les tendances. Elle fonctionne en calculant la moyenne des prix de clôture sur une période spécifique, comme 20 jours, 50 jours ou 200 jours. Lorsque la moyenne mobile à court terme croise au-dessus de celle à long terme, un signal d'achat est généré, indiquant une possible tendance haussière. D'autre part, lorsque la moyenne mobile à court terme croise en dessous de celle à long terme, un signal de vente est généré, indiquant une possible tendance baissière.

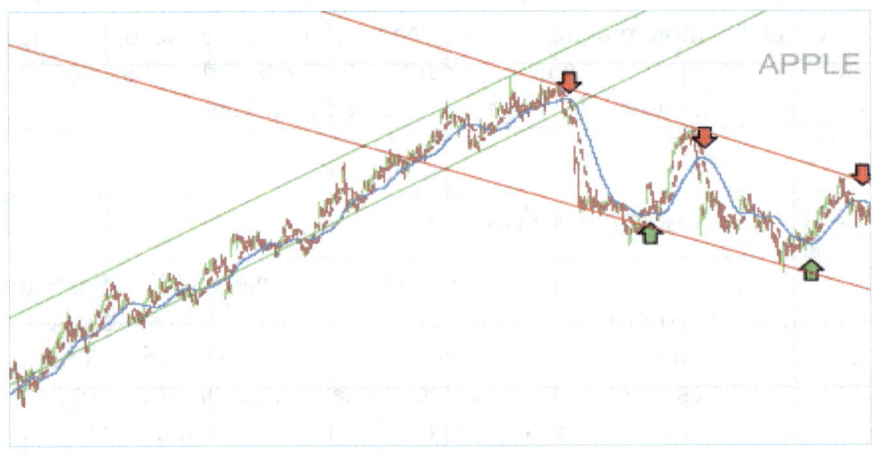

Figure 29. Tendences. Apple

Ci-dessous, vous trouverez le graphique d'Apple. Vous remarquerez qu'il vient d'une tendance haussière (entre les barres vertes) et qu'à son sommet, il y a un croisement entre la moyenne mobile sur 20 jours (en rouge en pointillés) et celle sur 50 jours (en bleu). Cela anticipe un changement de tendance. En utilisant des moyennes mobiles à court et moyen terme, le trading est rapide ; il ne faut pas dormir et il faut effectuer de nombreuses opérations. Avec une flèche rouge, je vous indique quand vendre, et en vert quand acheter, juste au croisement des moyennes mobiles. Continuons.

2. **RSI (Relative Strength Index - Indice de Force Relative):**
   Le RSI est un indicateur qui oscille entre 0 et 100 et mesure la vitesse et l'ampleur des mouvements de prix. Lorsque le RSI dépasse le niveau de 70, on considère que l'actif est suracheté, ce qui peut être un signal de vente. D'autre part, lorsque le RSI tombe en dessous du niveau de 30, on considère que l'actif est survendu, ce qui peut être un signal d'achat.

Le RSI est calculé selon la formule suivante :

$$RSI = 100 - \frac{100}{1+RS}$$

où RS (Relative Strength) est la relation entre les gains moyens et les pertes moyennes sur une période spécifique. Le RSI est précieux pour identifier les points de retournement de tendance et pour confirmer la force d'une tendance existante. Vous vous souvenez que je vous parlais de divergences en étudiant le RSI de base ? Il est important d'utiliser le RSI en conjonction avec d'autres indicateurs et analyses pour prendre des mesures opportunes sur les marchés financiers.

Figure 30. RSI. Divergences

Observons attentivement le même graphique avec l'indicateur RSI.
Vous pouvez remarquer que presque tous les changements de prix
coïncident avec la rupture des niveaux 30 et 70 (nous pourrions
également configurer le RSI avec des niveaux de 40 et 60).

Notez l'importance des divergences entre le prix et le RSI (dans les
segments oranges), marquant les points de retournement du prix,
dans ce cas, l'action d'Apple sur le marché continu espagnol.

3. **MACD (Convergence et Divergence de la Moyenne Mobile):** Le MACD est un indicateur polyvalent utilisé pour mesurer la force et la direction d'une tendance. Il se compose d'une ligne MACD principale et d'une ligne de signal. Lorsque la ligne MACD croise au-dessus de la ligne de signal, un signal d'achat est généré, indiquant une tendance haussière. En revanche, lorsque la ligne MACD croise en dessous de la ligne de signal, un signal de vente est généré, indiquant une tendance baissière. De plus, le MACD montre également la divergence entre le prix et l'indicateur, ce qui peut indiquer un possible changement de tendance.

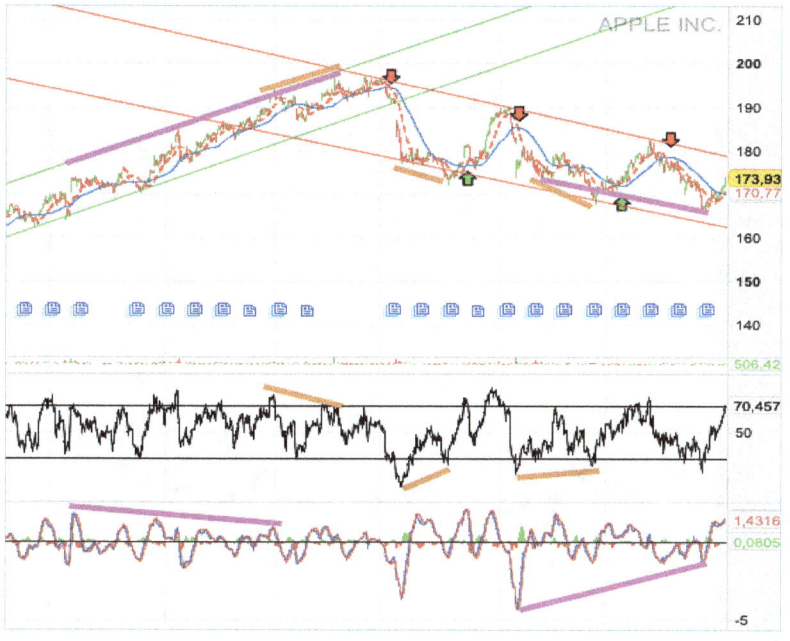

Figure 31. MACD. Divergences.

Continuons à ajouter des indicateurs. Je présente ici le MACD, où vous pouvez observer attentivement les divergences à plus long terme (en rose).

4. **Bandes de Bollinger :** Les Bandes de Bollinger se
   composent d'une bande centrale (moyenne mobile) et de
   deux bandes extérieures représentant la volatilité du marché.
   Lorsque les bandes extérieures se resserrent, cela indique que
   le marché connaît une faible volatilité, ce qui précède
   souvent un mouvement significatif. Lorsque les bandes
   extérieures s'élargissent, cela suggère que le marché connaît
   de la volatilité. Les prix touchant ou traversant les bandes
   extérieures peuvent indiquer des conditions de surachat ou de
   survente.

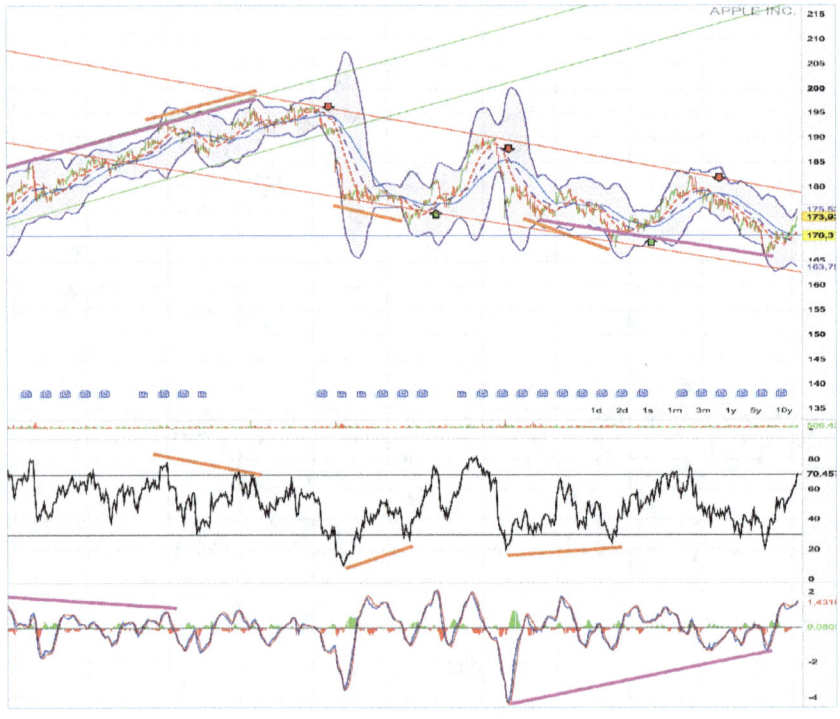

Figure 32. Bandes de Bollinger.

Personnalisation de votre Stratégie avec des Indicateurs Techniques

Il n'existe pas de formule unique pour réussir dans le trading, et cela s'applique également aux indicateurs techniques. Chaque trader a ses préférences et son style unique. Tout au long de ce chapitre, nous vous fournirons des exemples pratiques de la manière de combiner différents indicateurs techniques pour adapter votre stratégie à vos besoins et objectifs personnels.

En résumé, les indicateurs techniques sont des outils essentiels qui peuvent vous aider à prendre des décisions plus éclairées en matière de trading. À travers des exemples pratiques et des conseils d'experts, vous apprendrez à intégrer ces indicateurs dans votre stratégie, ce qui vous permettra de naviguer sur le marché avec confiance et précision.

Ce ne sont là que quelques exemples des indicateurs techniques disponibles. La clé est de comprendre comment ils fonctionnent et comment les combiner de manière efficace pour soutenir votre stratégie de trading. Le choix des indicateurs dépendra de vos objectifs commerciaux personnels et de l'actif que vous négociez. La pratique et l'expérience vous aideront à perfectionner l'utilisation des indicateurs techniques dans votre trading quotidien.

Exemples de Stratégies Efficaces

La théorie est importante, mais la pratique est fondamentale. Nous vous fournissons des exemples détaillés de stratégies efficaces qui ont fait leurs preuves sur les marchés réels. Nous explorerons les stratégies de day trading, swing trading et position trading, avec des exemples d'entrée et de sortie, de gestion des risques et de considérations clés.

Une fois que vous aurez compris les concepts fondamentaux de l'analyse technique et comment utiliser les indicateurs techniques, vous serez prêt à explorer des exemples de stratégies efficaces que vous pouvez appliquer à votre trading. Ces stratégies sont polyvalentes et peuvent s'adapter à une variété de styles et d'objectifs de trading. Voici quelques exemples pour vous inspirer, comme je vous l'ai déjà avancé:

1. **Stratégie de Croisement des Moyennes Mobiles :** Cette stratégie est basée sur le croisement de deux moyennes mobiles, généralement une à court terme et une à long terme. Lorsque la moyenne mobile à court terme croise au-dessus de celle à long terme, un signal d'achat est généré, indiquant une possible tendance haussière. À l'inverse, lorsque la moyenne mobile à court terme croise en dessous de celle à long terme, un signal de vente est généré, indiquant une possible tendance baissière.

2. **Stratégie de Breakout :** Cette stratégie vise à identifier des opportunités de trading lorsque le prix franchit un niveau de résistance ou de support important. Lorsque le prix dépasse une résistance, cela est considéré comme un signal d'achat, suggérant un possible mouvement à la hausse. En revanche, lorsque le prix chute en dessous d'un niveau de support, cela est considéré comme un signal de vente, indiquant une possible tendance à la baisse.

3. **Stratégie de Divergence du RSI :** Cette stratégie utilise l'indice de force relative (RSI) pour identifier des divergences entre l'indicateur et le prix. Lorsque le prix atteint un nouveau sommet mais que le RSI ne le fait pas, une divergence baissière est générée, suggérant une possible inversion à la baisse. En revanche, lorsque le prix atteint un nouveau creux mais que le RSI ne le fait pas, une divergence haussière est générée, indiquant une possible inversion à la hausse.

4. **Stratégie des Bandes de Bollinger :** Cette stratégie exploite la volatilité du marché. Lorsque les Bandes de Bollinger se resserrent, indiquant une faible volatilité, un mouvement de prix significatif est attendu. Les traders peuvent attendre que les bandes se dilatent et prendre des positions dans la direction de l'expansion.

5. **Stratégie de Rupture des Lignes de Tendance :** Cette stratégie repose sur l'identification de lignes de tendance sur un graphique. Lorsque le prix casse une ligne de tendance haussière, cela est considéré comme un signal de vente, indiquant une possible inversion à la baisse. À l'inverse, lorsque le prix casse une ligne de tendance baissière, cela est considéré comme un signal d'achat, indiquant une possible inversion à la hausse.

6. **Stratégie de Scalping :** Le scalping est un style de trading à très court terme qui cherche des gains petits mais fréquents. Les traders utilisant cette stratégie effectuent de nombreuses opérations en peu de temps, exploitant des mouvements de prix minimes.

Chacune de ces stratégies a ses propres règles et conditions. Il est essentiel de comprendre comment elles fonctionnent et de s'entraîner avec elles dans un environnement sans risque avant de les appliquer dans des opérations réelles. De plus, vous pouvez personnaliser ces stratégies selon vos préférences et objectifs de trading. N'oubliez pas que la gestion du risque est essentielle dans toute stratégie de trading, et vous devez définir des limites de perte et de gain pour protéger votre capital. Ci-dessous, je vous ajoute quelques stratégies, moins courantes mais tout aussi efficaces.

Plus de Stratégies Efficaces dans l'Analyse Technique

7. **Stratégie de Retracement de Fibonacci :** Cette stratégie est basée sur la séquence de Fibonacci et ses niveaux de retracement. Les traders utilisent ces niveaux pour identifier des points potentiels de renversement des prix. Par exemple, le niveau de retracement de 61,8% est particulièrement pertinent. Lorsque le prix approche de ce niveau et montre des signes de retournement, les traders peuvent prendre des positions dans la direction opposée.

8. **Stratégie de Rupture des Canaux :** Dans cette stratégie, des canaux de prix sont recherchés sur un graphique. Lorsque le prix casse la partie supérieure d'un canal ascendant, cela est considéré comme un signal d'achat. En revanche, lorsque le prix casse la partie inférieure d'un canal descendant, cela est considéré comme un signal de vente.

9. **Stratégie des Points Pivot :** Les points pivots sont des niveaux de prix significatifs calculés à partir des prix précédents. Les traders utilisent ces niveaux comme référence pour identifier des points potentiels d'entrée et de sortie. Les points pivots peuvent aider à déterminer les niveaux de support et de résistance sur un marché.

10. **Stratégie de Continuation de Tendance :** Cette stratégie se concentre sur l'identification de tendances déjà établies et leur exploitation. Les traders recherchent des motifs de continuation de tendance, tels que des drapeaux, des triangles ou des fanions, qui suggèrent que la tendance actuelle va se poursuivre. Ensuite, ils prennent des positions dans la direction de la tendance prédominante.

11. **Stratégie des Oscillateurs Stochastiques :** Les oscillateurs stochastiques sont des indicateurs qui mesurent la vitesse et l'impulsion d'un prix. Les traders utilisent les niveaux de surachat et de survente pour identifier des points potentiels d'entrée. Lorsque l'oscillateur stochastique croise au-dessus du niveau de survente, un signal d'achat est généré. Lorsqu'il croise en dessous du niveau de surachat, un signal de vente est généré. Je l'utilise pour confirmer le RSI.

12. **Stratégie de Rupture de Volatilité :** Cette stratégie est basée sur l'exploitation des moments de forte volatilité sur le marché. Les traders recherchent des événements spécifiques susceptibles de déclencher des mouvements de prix importants, tels que des annonces économiques majeures ou des événements politiques. Ensuite, ils prennent des positions en fonction de la direction de la rupture.

Rappelez-vous qu'il n'existe pas de stratégie unique et universelle qui fonctionne dans toutes les situations du marché. Le choix d'une stratégie dépendra de votre style de trading, de votre tolérance au risque et de vos objectifs financiers. Il est essentiel de tester et de s'entraîner avec ces stratégies dans un environnement sans risque avant de les appliquer dans des opérations réelles. De plus, une gestion appropriée du risque est essentielle dans toutes les stratégies de trading pour protéger votre capital.

Construisez Votre Propre Stratégie de Trading

Chaque trader est unique, et ce qui fonctionne pour l'un peut ne pas convenir à l'autre. Dans cette section, nous vous aiderons à construire votre propre stratégie de trading personnalisée. Je vais essayer de vous guider sur la manière de définir vos objectifs, de choisir des actifs à trader, d'établir des règles d'entrée et de sortie, de gérer les risques et d'adapter votre stratégie à votre style et à votre tolérance au risque. Mais rappelez-vous ce que disaient les anciens philosophes il y a plus de deux mille ans. Les sept sages de Grèce ont inscrit dans le temple d'Apollon à Delphes l'une des plus grandes vérités : "Connais-toi toi-même".

Tout au long de ce chapitre, vous découvrirez que l'analyse technique ne concerne pas seulement les motifs et les tendances, mais aussi la manière d'appliquer ces connaissances dans des situations de trading réelles. À mesure que nous progressons dans votre voyage vers le trading, nous vous fournirons les outils et les exemples nécessaires pour prendre des décisions plus éclairées et devenir un trader plus prospère.

À mesure que vous acquérez de l'expérience dans l'analyse technique et explorez différentes stratégies, il est naturel que vous souhaitiez personnaliser votre approche de trading. Voici un guide, étape par étape, pour construire votre propre stratégie de trading basée sur l'analyse technique, une autre page à imprimer et à avoir à portée de main :

1. **Définissez vos Objectifs de Trading :** Avant de créer une stratégie, il est essentiel que vous établissiez vos objectifs financiers. Recherchez-vous des gains à court ou à long terme ? Quel niveau de risque êtes-vous prêt à prendre ? Déterminez vos objectifs de profits et de pertes. C'est fondamental. C'est ici que se définit la ligne de la panique et de l'euphorie. Aie toujours clairement définis tes objectifs.

2. **Choisissez une Période de Temps :** Décidez dans quelle période de temps vous souhaitez trader. Vous pouvez opter pour le day trading (opérations intraday), le swing trading (positions maintenues pendant plusieurs jours ou semaines) ou le position trading (positions à long terme). Le choix de la période de temps influencera votre stratégie. Il y a un autre commandement dans le trading que je ne veux pas laisser passer : n'utilisez pas l'argent dont vous avez besoin au quotidien ou à court terme. Si vous le faites, vous vous retrouverez à abandonner une stratégie gagnante.

3. **Sélectionnez des Indicateurs et des Outils :** En fonction de vos objectifs et de la période de temps choisie, sélectionnez les indicateurs techniques et les outils que vous utiliserez. Par exemple, si vous êtes intéressé par le day trading, vous pouvez envisager des indicateurs tels que le MACD, le RSI et les Bandes de Bollinger. Il y en a pour tous les goûts, mais sincèrement, je vous conseille de ne pas vous embrouiller avec trop d'instruments, choisissez-en trois ou quatre et étudiez-les en profondeur, l'expérience vous dira comment les utiliser efficacement. Ceux que je vous ai mentionnés sont pour moi les principaux.

4. **Établissez des Règles d'Entrée et de Sortie :** Définissez clairement les règles que vous suivrez pour entrer et sortir d'une opération. Par exemple, vous pourriez établir que vous entrerez dans une opération lorsque le RSI sera au-dessus de 70 et que vous sortirez lorsqu'il sera en dessous de 30. Je vous l'ai expliqué dans un graphique précédent, vous pouvez également utiliser la combinaison avec la bande de Bollinger, ou avec le croisement des moyennes, ou avec Fibonacci. Votre parcours vous fera choisir. Ce n'est pas une étude d'un jour, cela prend du temps. Bien que vous accumuliez actuellement des nomenclatures et des concepts, peu à peu vous les maîtriserez.

5. **Gestion des Risques :** La gestion des risques est cruciale. Décidez du montant de capital que vous êtes prêt à risquer dans une seule opération et établissez une limite de perte. Considérez également comment ajuster votre taille de position en fonction de la volatilité du marché. Rappelez-vous le commandement précédent, "ici, on utilise seulement ce qui est superflu". Et si vous n'avez rien de superflu, économisez pendant que vous apprenez sur une plateforme gratuite avec un portefeuille fictif.

6. **Testez votre Stratégie :** Comme je l'ai dit. Avant d'appliquer votre stratégie dans des opérations réelles, testez-la dans un environnement sans risque, comme un compte de démonstration. Suivez ses performances et ajustez les règles au besoin. Une fois que vous êtes prêt, foncez. Mais attention au commandement suivant : "Ne vous endettez jamais". Qu'est-ce que c'est que cette histoire de l'effet de levier financier ? Eh bien, grosso modo, c'est emprunter de l'argent pour investir. Il n'est pas conseillé de le faire, du moins au début.

7. **Tenez un Journal de Trading :** Tenez un registre détaillé de toutes vos opérations. Enregistrez les raisons d'entrer et de sortir d'une opération, vos résultats et tout apprentissage obtenu. Cela vous sera nécessaire plus tard pour vos impôts, vous devez déclarer les gains, ne l'oubliez pas, donc aussi bien pour votre apprentissage que pour votre comptabilité et votre fiscalité future, vous devez le faire.

8. **Ajustez et Optimisez :** À mesure que vous acquérez plus d'expérience, vous voudrez probablement ajuster et optimiser votre stratégie. Vous pouvez envisager d'ajouter ou de supprimer des indicateurs, de changer vos règles d'entrée ou de sortie, ou de vous adapter aux conditions changeantes du marché. Cela viendra avec le temps.

9. **Discipline et Émotion :** La discipline et le contrôle émotionnel sont essentiels. Suivez votre stratégie avec discipline et ne vous laissez pas emporter par l'émotion. Apprenez à accepter à la fois les gains et les pertes. C'est très compliqué de respecter cette règle, c'est peut-être la plus difficile. Vous pouvez être un génie de la vision spatiale et de la reconnaissance de motifs, mais si vous n'êtes pas capable de dire stop, vous allez passer un très mauvais moment, je vous l'assure.

10. **Éducation Continue :** Le trading est un domaine en constante évolution. Continuez à vous éduquer et restez au fait des dernières tendances et développements en analyse technique. Il est très important de rester dans le coup, cela avance sans que vous vous en rendiez compte, de nouvelles connaissances, des informations pertinentes, des mouvements inattendus du marché. Je suis dans le domaine de l'analyse technique et chartiste depuis plus de trente-cinq ans, j'ai commencé quand j'avais un peu plus de vingt ans et j'ai toujours suivi et je continue d'apprendre, en écoutant les autres et en absorbant les connaissances qui me parviennent, et que je pense pouvoir affecter. Mais attention, je ne me complique pas avec de nouveaux instruments à moins que cela ne soit strictement nécessaire ; je maintiens ceux que je maîtrise et qui, selon moi, sont fiables.

Rappelez-vous que la construction d'une stratégie de trading réussie prend du temps et de la patience. N'attendez pas des gains instantanés et préparez-vous à apprendre de vos erreurs. Une stratégie bien planifiée et testée peut être un outil puissant pour atteindre vos objectifs financiers grâce à l'analyse technique. Développez votre Stratégie et Atteignez vos Rêves Chaque trader a le potentiel de développer sa propre stratégie unique et d'atteindre ses objectifs financiers grâce à l'analyse technique. Rappelez-vous que le chemin vers le succès dans le trading peut être difficile, mais avec de la patience, de la discipline et un apprentissage constant, vous pouvez aller loin. Gardez toujours à l'esprit vos objectifs et rêves financiers. Que vous cherchiez la liberté financière, l'indépendance ou la sécurité pour votre famille, votre stratégie de trading peut être un outil puissant pour y parvenir. Continuez d'explorer, d'ajuster et d'optimiser votre approche, et n'arrêtez jamais de croire en vous-même. Dans le prochain chapitre, nous plongerons, aux côtés de Liam, dans la gestion des risques et la psychologie du trading, deux aspects fondamentaux pour votre réussite en tant que trader. Préparez-vous à renforcer votre esprit et votre portefeuille alors que nous progressons dans ce voyage passionnant de connaissance et de croissance financière. Reposez-vous maintenant et relisez tout, c'est beaucoup d'informations. Bien que j'essaie d'être strict et direct, je sais que, pour quelqu'un qui commence ou qui est novice, c'est tout un monde. C'est vraiment un monde. Quand j'ai commencé, je faisais mes graphiques à la main, avec une règle et un crayon, en attendant les changements de prix du télétexte toutes les 15 minutes. Nous n'avions pas Internet ni la facilité d'accéder automatiquement aux indicateurs. Il fallait calculer, perdre du temps à réaliser. Vous ne pouvez pas imaginer la chance que vous avez de pouvoir consacrer ce temps à l'apprentissage. Soyez conscient de cela.

Chapitre 5 : Gestion des Risques et Psychologie du Trading

Par Liam Kim Admund

L'Importance de la Gestion des Risques

La gestion des risques est un pilier fondamental dans le monde du trading. Dans ce chapitre, vous plongerez dans l'essence de la gestion des risques et apprendrez comment l'appliquer à votre approche d'investissement. En matière de trading, le risque est inhérent, mais ce qui distingue les traders réussis des autres est leur capacité à le contrôler.

La gestion des risques implique la prise de mesures calculées pour protéger votre capital contre d'éventuelles pertes. Je vous offre une vision détaillée de pourquoi cette pratique est essentielle et comment vous pouvez l'implémenter dans vos opérations. Vous apprendrez à définir des limites, à établir des stop-loss et à diversifier vos investissements, ce qui vous permettra de limiter les pertes et de protéger votre capital.

De plus, nous explorerons la relation entre la gestion des risques et la psychologie du trading. Vous découvrirez comment une stratégie solide de gestion des risques peut vous aider à rester calme en période de volatilité et à éviter des décisions impulsives préjudiciables à votre portefeuille.

La gestion des risques est une compétence que tout trader doit maîtriser, et ce chapitre vous fournira les outils et les connaissances nécessaires pour le faire. Préparez-vous à renforcer votre capacité à protéger vos investissements alors que vous continuez votre chemin vers le succès dans le trading.

L'Influence de la Psychologie sur les Décisions d'Investissement

La psychologie joue un rôle crucial dans les décisions d'investissement. Dans cette section, nous approfondirons comment les émotions peuvent avoir un impact sur vos opérations et vous apprendrez à aborder cet aspect de manière efficace.

Vous comprendrez comment la cupidité, la peur, l'avidité et l'impatience peuvent obscurcir votre jugement et vous conduire à prendre des décisions irrationnelles dans le trading. Vous apprendrez à reconnaître ces schémas émotionnels en vous-même et à développer des stratégies pour les contrer.

Je vais vous présenter quelques techniques de gestion du stress et de contrôle émotionnel qui vous aideront à rester calme dans des situations volatiles du marché. La discipline et la patience sont des vertus que vous cultiverez pour prendre des décisions éclairées plutôt qu'impulsives.

Cette section explorera l'influence de la psychologie dans le trading et vous fournira des outils précieux pour devenir un trader émotionnellement intelligent. Ces compétences seront essentielles pour naviguer avec confiance et sécurité à travers les hauts et les bas du marché.

Stratégies pour Maintenir la Discipline

La discipline est un facteur critique dans le trading réussi. Il existe des stratégies efficaces pour maintenir la discipline dans vos opérations et suivre votre plan de trading, même lorsque le marché est incertain ou émotionnellement difficile. Laissez-moi vous rappeler ces conseils, ou plutôt ces auto-engagements, car ils ne seront jamais superflus. Mettez l'accent sur tout cela, gardez-le bien à l'esprit.

- **Établissez des Règles et Suivez-les Rigoureusement :** La première stratégie pour maintenir la discipline est d'établir des règles claires pour vos opérations et de les suivre rigoureusement. Cela signifie définir vos points d'entrée et de sortie, vos limites de perte et de gain, et les respecter sans exception. Il est crucial de connaître et de respecter les montants qui vous satisferont en termes de gains et de limiter les pertes pour pouvoir continuer à trader même en cas de mauvaise journée, ce qui arrivera certainement. Restez ferme face à la mentalité changeante qui vous assaillira dans des moments extrêmes de panique ou d'euphorie.

- **Tenez un Journal de Trading :** Tenir un journal de trading peut vous aider à maintenir la discipline en vous obligeant à noter vos opérations et vos émotions à chaque fois. Cela vous permet d'analyser vos décisions passées et d'apprendre de vos erreurs. Même si cela vous semble une perte de temps, c'est une bonne habitude de vous asseoir à la fin de votre journée de trading pour réfléchir et noter où vous avez réussi et où vous avez échoué. Pourquoi n'ai-je pas vendu au moment où les indicateurs me l'ont "indiqué" ? Pourquoi ai-je insisté pour gagner plus ? Ou pourquoi n'ai-je pas accepté les 10% de pertes que j'avais fixés comme limite, pourquoi n'ai-je pas respecté le stop-loss ? Est-ce que quelqu'un allait me guider d'en haut pour récupérer les pertes ? Il est important de savoir que tout est reflété dans les graphiques, qu'ils sont objectifs, la seule partie subjective, c'est nous. Parfois, nous voyons une figure en tête-épaules et il y a vraiment un triangle équilatéral, mais nos attentes changent notre vision. Attention à cela.
- **Établissez des Objectifs Clairs :** Définir des objectifs clairs et réalistes vous donne une direction. Avoir des objectifs spécifiques vous aide à rester concentré et discipliné pendant que vous travaillez vers vos objectifs financiers.

- **Pratiquez l'Automatisation :** L'automatisation de vos opérations peut être une stratégie efficace pour maintenir la discipline. Si vous avez du mal à prendre des décisions émotionnellement neutres, envisagez d'utiliser des ordres automatiques pour entrer et sortir du marché en fonction de vos règles prédéfinies. Il existe des moyens d'établir des stop-loss en dessous du prix pour assumer des pertes obligatoires, et croyez-moi, c'est une bonne idée. Parfois, vous constaterez qu'une position s'est fermée et s'est ensuite rétablie. Viendra le moment où vous vous tirerez les cheveux de ne pas avoir attendu. Il y aura de nombreux moments comme celui-ci, mais il y en aura beaucoup plus où le prix continuera de baisser et la perte se transformera en perte plus importante, ce qu'il faut éviter à tout prix. De même, en haut, utilisez le take-profit automatique pour vous obliger à respecter votre stratégie. Si vos études ou votre stratégie vous ont conduit à établir un gain de 20%, par exemple, dès qu'il est atteint, vendez et encaissez les gains, n'attendez pas de gagner plus, car vous vous retrouverez avec de nombreux retournements et vous serez hors du marché sans pouvoir vendre, pour diverses raisons, car il peut y avoir une forte demande d'opérations contre vous. Il y a une autre règle que je vais vous demander de graver dans votre esprit : "vous êtes un petit poisson dans ces eaux tumultueuses". Cela signifie, surtout sur les marchés peu liquides, qu'il y a beaucoup de requins, d'investisseurs avec un grand potentiel, de grands fonds d'investissement, qui peuvent aller à l'encontre du marché, et le font très souvent, laissant tout petit investisseur comme vous à l'écart, celui qui a cru qu'il pourrait s'acheter une Lamborghini le lendemain, ou qu'il récupérerait tout ce qu'il avait perdu, et finalement se retrouve dans une véritable ruine. Notez qu'aujourd'hui, beaucoup de gens savent qu'il y a beaucoup de gens qui connaissent l'analyse technique. Que veux-je dire par là ? L'analyse technique ne vaut rien sur les marchés peu liquides, je vous le dis catégoriquement. Il existe ce qu'on appelle des bots, des programmes informatiques ou des logiciels conçus pour effectuer des opérations automatisées sur les marchés financiers, tels que l'achat et la vente d'actions, d'obligations, de devises, de cryptomonnaies ou d'autres actifs. Ces bots utilisent généralement des algorithmes et des règles prédéfinies pour prendre des décisions d'investissement en temps réel. Ils peuvent être utilisés par des traders individuels ou par de grandes institutions financières, ce qui est plus courant, pour exécuter des stratégies d'investissement automatisées. Ceux-ci sont chargés d'informations mémorisées, surtout à l'heure actuelle, avec l'intelligence artificielle. Mais pas seulement des informations passées, ils ont également accès au présent, à ce qui se passe, c'est-à-dire que tout comme n'importe quel trader "humain" peut voir les ordres d'achat et de vente sur le marché à un moment donné, ces bots peuvent voir les demandes en attente d'achat et de vente, avec la différence que tandis que nous analysons dix ordres, ces machines analysent des milliers de données. Et certains sont même chargés de programmes pour aller à l'encontre du marché. C'est-à-dire que si, par exemple, un bot détecte une figure en tête-épaules, un signal qui, comme je vous l'ai expliqué, annonce un changement de tendance de haussière à baissière, il sait que les "humains", qui en savent autant sur l'analyse technique, vont vendre ; ces petites machines vont faire le contraire, défiant l'analyse technique et la considérant comme nulle. C'est ainsi. C'est l'une des raisons pour lesquelles parfois l'analyse graphique ou l'analyse technique échoue face à des signaux très clairs, et cela ne vous est généralement pas raconté. Quel est mon conseil dans ces cas ? Eh bien, devenez un bot, mais ne défiez pas le marché, contentez-vous d'automatiser votre stratégie et surmontez les moments psychologiques où les règles techniques ne sont pas respectées. Soyez conscient de cela et limitez-vous à votre jeu. Je pourrais vous dire de louer un bot, c'est possible, mais ce n'est pas le but de ce livre, ni avec les connaissances de base, ni il n'est conseillé.

- **Maintenez une Attitude Positive et Adaptable :** La mentalité est essentielle pour maintenir la discipline. Gardez une attitude positive et, surtout, disposée à apprendre et à vous adapter. Les pertes surviennent, mais il est important de ne pas permettre qu'elles affectent négativement votre confiance. Je veux que vous réfléchissiez encore une fois à cela, c'est absolument nécessaire.

- **Développez un Environnement Propice :** Il va sans dire que le trading est un travail qui, comme je vous l'ai dit, exige de la discipline. Votre environnement peut également influencer celle-ci. Assurez-vous d'avoir un espace calme et exempt de distractions pour prendre des décisions appropriées et rester calme.

La discipline est la pierre angulaire d'un trader réussi. En intégrant ces stratégies dans votre approche de trading, vous serez mieux équipé pour maintenir la discipline, même dans les conditions les plus difficiles du marché.

Le meilleur trader se perd ici, rien n'est plus important que cela. Je vais répéter avec d'autres mots ces stratégies pour maintenir la discipline, grave-les profondément dans ta mémoire, et imprime également cette page, "rien n'est plus important que cela":

• **Établissez des règles claires et écrivez-les**: La clé pour maintenir la discipline est d'avoir un plan de trading solide. Définissez vos règles d'entrée et de sortie, vos niveaux de stop-loss et take-profit, ainsi que d'autres paramètres clés pour vous. Écrivez ces règles dans un document que vous pouvez consulter facilement. Lorsque vous êtes confronté à une décision de trading, suivez vos règles sans exception, n'improvisez pas. Écrire ces règles peut vous aider à vous engager davantage envers elles.

• **Utilisez une liste de vérification :** Créez une liste de vérification à compléter avant chaque opération. Cela vous oblige à revoir vos règles et à vous assurer de les respecter. La liste de vérification peut inclure des éléments tels que la tendance actuelle, les indicateurs techniques que vous utilisez et votre stratégie globale. En complétant cette liste avant chaque opération, vous vous assurez de suivre votre plan. C'est comme lorsque vous partez en voyage, vérifiez-vous l'huile et les autres niveaux de la voiture?

• **Contrôlez vos émotions :** Les émotions, telles que la peur et la cupidité, peuvent conduire à des décisions impulsives. Développez la capacité de reconnaître vos émotions pendant le trading. Si vous vous sentez émotionnellement chargé, envisagez de prendre une pause. La discipline consiste à prendre des décisions rationnelles basées sur des données et des analyses, plutôt que sur des émotions.

• **Apprenez de vos erreurs :** Les erreurs sont inévitables dans le trading, mais elles sont précieuses si vous les utilisez comme des occasions d'apprentissage. Tenez un registre de vos transactions, qu'elles soient réussies ou non. Analysez vos erreurs pour comprendre pourquoi elles se sont produites et comment les éviter à l'avenir.

• **Tenez un journal de trading détaillé :** Tenir un journal de trading est une stratégie fondamentale. Enregistrez vos transactions, vos motivations pour y entrer, vos émotions pendant l'opération et les résultats. Cela vous aide à maintenir un enregistrement objectif de votre performance et à identifier des schémas de comportement qui pourraient affecter votre discipline.

• **Pratiquez la patience :** La discipline implique d'être patient et de ne pas forcer les opérations. Attendez que vos conditions soient remplies avant d'entrer en position. Ne vous sentez pas obligé de trader constamment. La patience est une vertu dans le trading. Vous n'avez pas besoin de trader tous les jours, si vous avez une mauvaise journée, consacrez-vous au golf ou à une promenade avec votre chien.

• **Établissez des objectifs à long terme :** En plus de vos objectifs de trading à court terme, établissez des objectifs financiers à long terme. Savoir que vous travaillez vers des objectifs plus larges vous motive à maintenir la discipline dans votre approche quotidienne.

Ces stratégies pour maintenir la discipline vous aideront à devenir un trader plus cohérent et à éviter des décisions impulsives qui pourraient nuire à votre portefeuille. La discipline est essentielle pour le succès à long terme dans le trading.

Devenez un Trader Émotionnellement Intelligent

L'intelligence émotionnelle est un atout précieux dans le monde du trading. Être un trader émotionnellement intelligent implique de comprendre et de contrôler vos émotions pour prendre des décisions de trading sensées et efficaces. Voici des stratégies clés pour développer cette intelligence émotionnelle :

• **Autoconscience émotionnelle :** La première étape pour devenir un trader émotionnellement intelligent est d'être conscient de vos propres émotions. Reconnaissez comment vous vous sentez avant, pendant et après une opération. Cela vous permet de prendre des décisions plus rationnelles au lieu d'agir de manière impulsive. Je t'ai déjà dit que si tu n'es pas bien émotionnellement, tu agiras mal, tu peux penser à faire une promenade, par exemple.

• **Gestion émotionnelle:** Une fois que vous êtes conscient de vos émotions, apprenez à les gérer. Si vous ressentez de la peur ou de l'anxiété, ne vous précipitez pas dans une opération d'achat ou de vente. Utilisez des techniques de relaxation, comme la respiration profonde, pour rester calme. La gestion émotionnelle vous aide à prendre des décisions basées sur des données, plutôt que sur des réactions impulsives.

• **Empathie:** L'empathie est la capacité de comprendre et de ressentir ce que d'autres traders peuvent vivre. Observez comment les autres réagissent sur le marché et envisagez comment leurs émotions peuvent influencer les mouvements de prix. L'empathie vous permet d'anticiper d'éventuels changements sur le marché. Cela, bien que cela semble évident, presque personne ne le pratique. Vous travaillez sur un marché où pour vendre, il doit y avoir quelqu'un d'autre pour acheter, et vice versa, réfléchissez à cela.

• **Prise de décision éclairée:** Évitez de prendre des décisions basées sur des émotions. Faites plutôt confiance à votre analyse technique et à votre plan de trading. Avant chaque opération, assurez-vous d'avoir une stratégie claire et suivez vos règles prédéfinies. Vous ne pouvez pas imaginer à quel point c'est important.

•**Apprentissage de l'expérience:** En tant que trader émotionnellement intelligent, apprenez de vos expériences, qu'elles soient gagnantes ou perdantes. Chaque opération est une opportunité d'améliorer et de peaufiner votre approche. Je souligne, tenez un journal de trading détaillé dans lequel vous enregistrez vos émotions et les circonstances de chaque opération. Il est très utile d'avoir écrit la cause d'une opération exceptionnelle et comment vous vous êtes senti en passant l'ordre, ou en vous trompant, ou en ayant raison. Lorsque vous trouvez une opération similaire, cela vous sera utile.

• **Résilience:** Dans le monde du trading, les pertes sont inévitables. Développez la résilience pour vous remettre des défaites et continuer. La résilience vous aide à maintenir une mentalité positive même dans les moments difficiles. Il est absolument nécessaire de retrouver des forces et de rester motivé, vous ne pourrez pas travailler autrement.

• **Maintenez une attitude ouverte à l'apprentissage:** Le marché financier est en constante évolution. Maintenez une attitude ouverte à l'apprentissage et adaptez votre stratégie selon les conditions changeantes. La rigidité émotionnelle peut être préjudiciable dans le trading.

• **Méditation et pleine conscience:** La méditation et la pleine conscience sont des pratiques qui peuvent vous aider à développer l'intelligence émotionnelle. Elles vous enseignent à être dans le présent et à observer vos pensées et émotions sans jugement. Ces techniques peuvent être particulièrement utiles pour rester calme dans des moments de forte volatilité. Il est également judicieux de pratiquer des disciplines telles que le yoga.

• **Soutien et communauté:** Recherchez le soutien d'autres traders ou rejoignez une communauté de trading en ligne. Partager vos expériences et émotions avec d'autres peut être bénéfique. Vous pouvez apprendre de leurs perspectives et recevoir un soutien émotionnel au besoin. De nos jours, il est très facile de le faire, de nombreuses pages web et chaînes YouTube, entre autres, sont vraiment utiles pour rester à jour sur les connaissances et les informations du marché.

Être un trader émotionnellement intelligent améliore non seulement votre capacité à prendre des décisions rationnelles dans le trading, mais réduit également le stress et l'anxiété associés au marché financier. Cette intelligence émotionnelle est une compétence qui peut se développer avec le temps et la pratique constante.

Mais cela implique de développer une série de compétences clés, qui sont essentielles pour le succès à long terme sur les marchés financiers. Une autre page importante à garder à portée de main, relisez autant de fois que nécessaire ces conseils pour cultiver votre intelligence émotionnelle dans le trading:

• **Autoconscience émotionnelle approfondie:** L'autoconscience émotionnelle va au-delà de simplement reconnaître que vous ressentez des émotions. Cela implique de comprendre les racines de ces émotions. Pourquoi vous sentez-vous anxieux avant une opération ? Qu'est-ce qui vous fait vous sentir euphorique après un gain ? Réfléchir à ces questions vous aidera à identifier des schémas émotionnels et à les aborder de manière plus efficace.

• **Techniques de contrôle émotionnel:** La gestion émotionnelle est essentielle. Les techniques de contrôle émotionnel peuvent inclure des exercices de relaxation, de méditation et de visualisation. Ces outils vous permettent de rester calme dans des moments de haute tension et de réduire l'impulsivité dans votre prise de décision.

• **Gestion du stress:** Le trading peut être stressant, mais la gestion du stress est essentielle pour maintenir la concentration et la clarté mentale. Apprendre à identifier les sources de stress et développer des stratégies pour le gérer vous permet de prendre des décisions plus éclairées même sous pression.

• **Développement de l'empathie:** L'intelligence émotionnelle ne se limite pas à comprendre vos propres sensations, elle implique également de comprendre les émotions d'autres investisseurs et comment elles peuvent affecter le marché. Observer et analyser le sentiment du marché vous permet d'anticiper d'éventuels mouvements de prix.

• **Prise de décision éclairée:** La prise de décision basée sur des données et sur votre plan de trading est essentielle. Évitez de prendre des décisions impulsives basées sur des émotions momentanées. Avant chaque opération, assurez-vous d'avoir un plan clair et suivez vos règles prédéfinies.

• **Apprendre des pertes:** Les pertes sont inévitables dans le trading, mais ce sont aussi des opportunités d'apprentissage. Au lieu de vous sentir submergé par les défaites, analysez pourquoi elles sont survenues et ce que vous pouvez faire différemment la prochaine fois.

• **Résilience et mentalité positive:** La résilience est la capacité de se remettre des pertes et des obstacles. Maintenir une mentalité positive et se concentrer sur les solutions au lieu de se lamenter vous aide à surmonter les défis.

• **Éducation continue:** L'apprentissage constant est essentiel dans le monde du trading. Restez informé des tendances du marché et des stratégies les plus efficaces. L'éducation continue renforce votre confiance et vous permet de prendre des décisions plus fondées.

• **Évaluation des risques:** Évaluez le risque de chaque opération et n'assumez pas plus de risque que ce que vous êtes prêt à perdre. Une gestion appropriée des risques réduit la pression émotionale.

• **Stratégies d'entrée et de sortie prédéterminées:** Avoir des stratégies d'entrée et de sortie claires et prédéfinies aide à réduire les décisions impulsives pendant les opérations. En suivant un plan établi, vous pouvez maintenir l'objectivité.

• **Soutien de la communauté:** Partager vos expériences et préoccupations avec d'autres traders peut vous apporter un soutien et des perspectives supplémentaires. Rejoindre une communauté de trading peut être particulièrement utile, car vous pouvez apprendre des expériences des autres.

Cultiver l'intelligence émotionnelle prend du temps et de la pratique, mais c'est un investissement précieux dans votre succès en tant que trader. L'intelligence émotionnelle vous permet de prendre des décisions plus rationnelles, de réduire le stress et de maintenir une mentalité équilibrée, ce qui est essentiel pour atteindre vos objectifs en trading.

Chapitre 6: Le Monde des Cryptomonnaies. Analyse Technique

Par Lucian Andreadis

Depuis l'année 2017, où j'ai commencé à m'intéresser à ce nouveau monde, il y a eu un impact incroyable sur la société des investisseurs, en particulier parmi les plus jeunes. Des choses jamais vues se sont produites, des riches, des multimilliardaires du jour au lendemain, des centaines de YouTubers spécialisés dans toutes sortes d'investissements, profitant du succès de ceux qui ont déménagé en Andorre pour déclarer moins d'impôts, ou de ceux qui se promènent depuis Dubaï dans leur célèbre Lamborghini jaune (je me répète avec la Lamborghini car en acheter une coûte quelques centaines de milliers de dollars ou d'euros, et ensuite il faut l'entretenir; franchement, il me semble qu'il y a des besoins plus importants à couvrir avant d'acheter une voiture de ce type).
D'un autre côté, on a aussi vu des gens complètement ruinés, trompés ou volés.

Entrons dans ce monde avec beaucoup de prudence. C'est passionnant, vraiment, mais faites très attention, car bien que l'analyse technique puisse être appliquée, et en plus c'est un marché volatile, donc particulièrement adapté au trading, nous sommes encore plus influencés par la technique, et nous t'avons déjà expliqué ce qui se passe avec les bots.

Néanmoins, ce chapitre t'entraînera dans un voyage passionnant à travers le monde des cryptomonnaies et comment l'analyse technique s'applique à cet actif financier en constante évolution.

Application de l'Analyse Technique aux Cryptomonnaies

Ici, tu découvriras comment l'analyse technique s'adapte au marché des cryptomonnaies, connu pour sa volatilité et sa nature décentralisée. Je vais essayer de t'expliquer comment les concepts d'analyse technique, tels que les indicateurs et les motifs, peuvent être appliqués dans ce nouvel environnement financier. Le marché des cryptomonnaies a révolutionné le monde financier, et l'analyse technique joue un rôle fondamental dans la compréhension et le succès de cet actif financier excitant.

Les cryptomonnaies sont principalement connues pour leur volatilité extrême, ce qui les rend propices à l'analyse technique, comme je te l'ai mentionné. Ici, je vais t'expliquer comment les mêmes principes d'analyse technique qui s'appliquent aux marchés traditionnels peuvent être utilisés dans le contexte des cryptomonnaies. Les motifs, les indicateurs et les stratégies que tu as appris dans les chapitres précédents sont tout aussi pertinents dans ce nouveau monde passionnant. La stratégie peut être différente en fonction de la cryptomonnaie, par exemple, si nous travaillons avec le Bitcoin, cela ne va pas beaucoup différer des valeurs que nous utilisons en bourse, car le volume est énorme, mais si nous nous intéressons à une cryptomonnaie comme ZigZag, peu connue du public, qui est classée 2801e par capitalisation et qui génère quelques milliers de dollars par jour, je te préviens que l'analyse technique et chartiste ne te servira à rien, car un seul investisseur peut modifier n'importe quel motif.

Appliquons nos règles et tu apprendras à identifier les tendances sur les graphiques de prix des cryptomonnaies, ainsi qu'à reconnaître les motifs de retournement et de continuation qui peuvent fournir des signaux commerciaux précieux. Nous discuterons de l'importance des cadres temporels et de comment choisir celui qui convient le mieux à ton style de trading.

De plus, nous allons te plonger à nouveau dans le monde des indicateurs techniques que tu connais déjà, appliqués de manière spécifique aux cryptomonnaies, comme le RSI (Indice de Force Relative) et le MACD (Convergence/Divergence des Moyennes Mobiles). Tu apprendras comment interpréter ces indicateurs dans ce contexte et comment les utiliser pour prendre des décisions commerciales fondées.

Nous aborderons également la nature décentralisée des cryptomonnaies et comment elle affecte l'application de l'analyse technique. En plus de l'influence des actualités et des événements du marché sur la volatilité des cryptomonnaies et sur comment anticiper et réagir à ces événements.

Cette section te fournira une base solide pour appliquer l'analyse technique aux cryptomonnaies. À mesure que tu t'immerges dans ce monde fascinant, tu disposeras des outils nécessaires pour prendre des décisions commerciales sensées et profiter des opportunités offertes par ce marché en constante évolution.

Dans le monde passionnant des cryptomonnaies, l'analyse technique devient un outil essentiel pour comprendre et prédire les mouvements de prix. À mesure que nous explorons comment appliquer l'analyse technique aux cryptomonnaies, tu découvriras comment cette méthodologie peut être utilisée de manière efficace dans un marché hautement volatil et décentralisé. Nous allons nous amuser. Ici, le trading a tendance à être à plus court terme, nécessitant des mouvements plus brusques et une stratégie encore plus rigide, s'il en est.

Compréhension de la Volatilité Cryptographique

C'est l'une des caractéristiques principales. Les cryptomonnaies sont connues pour leurs oscillations de prix extrêmes, offrant des opportunités excitantes pour les traders. L'analyse technique te permet de naviguer à travers ces fluctuations, en identifiant des motifs et des tendances qui peuvent conduire à des gains importants. Nous allons utiliser des outils d'analyse technique, tels que les lignes de tendance, les supports et les résistances, pour comprendre et tirer parti de la volatilité des cryptomonnaies.

Échelles Temporelles et Styles de Trading

Dans ce contexte, il est crucial de comprendre l'importance de choisir la bonne échelle temporelle pour ton style de trading. Nous analyserons comment l'analyse technique peut être appliquée de manière efficace sur des échelles temporelles courtes (comme le day trading) et longues (comme le position trading) pour s'adapter à tes objectifs et préférences.

Indicateurs Techniques Spécifiques

Nous allons voir les indicateurs techniques adaptés aux cryptomonnaies. Comment interpréter des indicateurs populaires tels que le RSI (Indice de Force Relative) et le MACD (Convergence/Divergence des Moyennes Mobiles) dans le contexte des cryptomonnaies est quelque chose de différent par rapport à leur utilisation sur les marchés boursiers, principalement parce que les cryptomonnaies sont cotées sur un marché qui est toujours ouvert, contrairement aux bourses.

Impact des Événements du Marché

Dans un marché décentralisé comme celui des cryptomonnaies, les actualités et les événements peuvent avoir un impact significatif sur les prix. Nous allons étudier comment anticiper et réagir à des événements tels que les bifurcations (forks) de la blockchain, les annonces d'adoption par des entreprises importantes et les réglementations gouvernementales. Nous allons intégrer ces considérations dans ton analyse technique.

Au fur et à mesure que tu poursuis ton voyage dans le monde des cryptomonnaies, tu seras prêt à comprendre et à exploiter la dynamique unique de ce marché et à effectuer des transactions plus éclairées.

Conseils Spécifiques pour le Trading de Cryptomonnaie

Le trading de cryptomonnaies a ses particularités, et je vais te fournir quelques conseils spécifiques pour réussir dans ce monde. Nous discuterons du choix d'échanges de confiance (même si je te dis que tout échange ou plateforme d'échange est la proie des pirates informatiques), des stratégies de sécurité et de comment tirer parti de la volatilité pour réaliser des gains.

Dans le monde des cryptomonnaies, la gestion des risques est cruciale. En plus des techniques d'analyse technique, il est essentiel de mettre en œuvre des stratégies de gestion des risques solides. Certains conseils spécifiques pour le trading de cryptomonnaies incluent:

1. **Diversification:** Ne mets pas tous tes fonds dans une seule cryptomonnaie. Diversifier ton portefeuille réduit le risque et te permet de profiter de multiples opportunités. C'est important dans n'importe quel portefeuille d'investissement, mais ici encore plus. Te rappelles-tu de ne pas mettre tous les œufs dans le même panier? Si le panier tombe, ils se casseront tous, mieux vaut deux paniers, et même mieux dix, ou vingt. Ne remplis pas non plus ton portefeuille avec deux cents cryptomonnaies différentes. Étudie chacune avant d'investir. Nous verrons cela plus tard.

2. **Établissement de Limites:** Définis des limites claires pour tes opérations. Cela inclut des limites de perte et des limites de gain. Ne laisse pas les émotions te pousser à prendre des décisions impulsives. Dans les cryptomonnaies, automatiser les stop-loss et les take-profit n'est pas une option, c'est une obligation. Les mouvements sont très brusques, nous parlons parfois de fluctuations de 40 à 50% en quelques minutes. De plus, c'est un marché qui est toujours ouvert, ici "les marchés ne ferment jamais", le matin ils opèrent aux États-Unis et le soir ils sont au Japon à travailler, à titre d'exemple. Il est donc intelligent d'être protégé par des limites en haut et en bas.

3. **Recherche:** Avant d'investir dans une cryptomonnaie, fais des recherches approfondies. Examine sa technologie, l'équipe de développement, les cas d'utilisation et la communauté. Plus tu en sais, mieux tu seras préparé. Au début, il y avait le Bitcoin, qui a été "inventé" comme moyen de paiement décentralisé et "rien d'autre". Mais aujourd'hui, il existe environ 20 000 cryptomonnaies différentes, et chacune sert à quelque chose de différent, toutes ont leur particularité. L'Ethereum, qui est la deuxième, travaille déjà avec des contrats intelligents, un chemin que beaucoup d'autres ont suivi. Elles ne se limitent pas à servir de "monnaie".

4. **Suivi des Actualités :** Reste informé des actualités et des événements liés aux cryptomonnaies qui t'intéressent. Les annonces de partenariats, les mises à jour logicielles et les réglementations peuvent influencer les prix.

5. **Apprentissage des Erreurs :** Le trading de cryptomonnaies implique souvent l'apprentissage par l'expérience. Si tu subis des pertes, considère ce qui s'est mal passé et ajuste ta stratégie en conséquence.

6. **Sécurité :** Utilise des mesures de sécurité solides pour protéger tes actifs numériques. Cela inclut l'utilisation de portefeuilles sécurisés et de l'authentification à deux facteurs. Chaque fois que tu gères une somme importante, envisage immédiatement d'acheter un portefeuille hors ligne, un Ledger ou un Trezor, pour citer les deux plus importants. Il existe de nombreux autres portefeuilles froids, également appelés, mais ces deux-là sont les plus connus. Évite les plateformes d'échange, sauf pour trader. Ne garde pas tes cryptomonnaies dessus, elles sont toutes vulnérables aux piratages.

7. **Maintien de la Discipline :** La discipline est essentielle dans le trading de cryptomonnaies. Suis ton plan de trading, même lorsque les émotions te poussent à agir de manière impulsive. Nous le répétons tant de fois parce que tu dois intégrer ce concept dans tes investissements.

8. **Apprentissage Constant :** Le monde des cryptomonnaies évolue rapidement. Reste à jour avec les nouveaux développements, les technologies et les tendances dans l'espace crypto. C'est difficile, mais absolument nécessaire, de rester informé, d'écouter les YouTubers les plus reconnus ou les podcasts les plus influents et sérieux.

9. **Communauté et Réseaux Sociaux :** Rejoins des communautés de cryptomonnaies et suis des experts sur les réseaux sociaux. Rejoins des cercles d'experts. Cela te tiendra informé des dernières nouvelles et analyses du marché.

À mesure que vous vous plongerez dans le passionnant monde des cryptomonnaies, ces conseils vous serviront de guide. Le trading de cryptomonnaies peut être très lucratif, mais il comporte également des risques extrêmes. La combinaison d'une analyse technique solide et d'une gestion des risques appropriée vous aidera à naviguer avec succès dans ce marché en constante évolution.

Exploration d'un Monde Financier en Évolution

À ce stade, je vous encourage à explorer l'excitant monde des cryptomonnaies au-delà du trading. Nous examinerons des concepts tels que la blockchain et la technologie sous-jacente, ainsi que les tendances émergentes en DeFi et NFT. De manière basique et simple. Cela vous donnera une compréhension plus complète de la façon dont les cryptomonnaies transforment le paysage financier mondial.

Le monde des cryptomonnaies est passionnant, mais il peut aussi être complexe. Je vais essayer de vous guider à travers les concepts clés de l'analyse technique adaptés aux cryptomonnaies, et je vous fournirai les outils et les connaissances nécessaires pour naviguer en toute confiance dans ce marché troublant en constante évolution.

Le monde des cryptomonnaies est en constante évolution, comme je vous l'ai dit. À mesure que de nouvelles cryptomonnaies entrent sur le marché et que les existantes mûrissent, les investisseurs doivent rester informés et adaptables. Voici quelques points clés:

- **Nouvelles Cryptomonnaies et Tendances Émergentes:** Dans ce monde en expansion constante, de nouvelles cryptomonnaies avec des idées et des technologies innovantes apparaissent chaque jour. L'analyse technique peut vous aider à évaluer leur potentiel en identifiant des motifs de prix, des niveaux de support et de résistance, ainsi que des signaux de tendance, mais essayez toujours de vous concentrer sur la capitalisation et le volume qu'elles déplacent quotidiennement.
- **Volatilité et Opportunités:** Nous avons déjà vu comment la volatilité est une caractéristique commune des cryptomonnaies. Cela peut être à la fois une bénédiction et une malédiction. Nous allons discuter des stratégies pour le trading dans des environnements volatils et comment utiliser les motifs de prix pour agir au bon moment.

- **Innovations dans l'Espace des Cryptomonnaies:** Les cryptomonnaies sont en constante évolution, avec des avancées technologiques et une adoption croissante. Ces innovations peuvent influencer les mouvements de prix, et l'analyse technique peut vous aider à rester au courant des dernières tendances.
- **Hodling vs. Trading:** De nombreux investisseurs choisissent de conserver des cryptomonnaies à long terme (appelé hodling), tandis que d'autres se livrent au trading actif. L'analyse technique peut être utile aussi bien pour les hodlers que pour les traders, avec des stratégies adaptées à différents objectifs d'investissement.
- **Risques et Considérations Éthiques:** En plus des opportunités, il existe de nombreux risques inhérents aux cryptomonnaies, tels que l'absence de régulation et la sécurité des actifs numériques. Nous examinerons également des aspects éthiques, tels que la durabilité et l'impact environnemental de certaines cryptomonnaies. Tout cela sera traité brièvement.

Qu'est-ce que la Blockchain?

La blockchain est une technologie révolutionnaire devenue la colonne vertébrale des cryptomonnaies, transformant de nombreuses autres industries. Fondamentalement, la blockchain est un registre numérique distribué utilisé pour stocker des données de manière sécurisée et transparente. Il s'agit d'un grand livre comptable accessible librement par des millions d'ordinateurs.

Comment Fonctionne la Blockchain?

La blockchain fonctionne comme une chaîne de blocs où les transactions ou les événements sont enregistrés. Chaque "bloc" contient un groupe d'enregistrements, et ces blocs sont enchaînés les uns derrière les autres, créant une chaîne continue. Les informations stockées dans chaque bloc sont cryptées et accessibles via un réseau d'ordinateurs distribués appelés nœuds.

Chaque fois qu'une transaction est effectuée ou qu'une nouvelle information est ajoutée, telle que le transfert de cryptomonnaies, elle doit être validée par un processus appelé "minage". Les mineurs résolvent des problèmes mathématiques et algorithmiques complexes. Lorsqu'une transaction est vérifiée, l'algorithme est résolu, ajouté au bloc actuel et distribué à tous les nœuds du réseau. Cela entraîne une récompense en cryptomonnaie minée.

En outre, cela garantit principalement la sécurité et l'intégrité de l'information, car toute tentative de modification d'un bloc nécessiterait la modification de tous les blocs suivants, ce qui est extrêmement difficile, voire impossible. Cela s'appelle la décentralisation, la caractéristique la plus importante des cryptomonnaies, qui n'est pas influencée par aucun organe étatique ou autre pouvant manipuler des aspects tels que la capitalisation ou la liquidité. Je vais expliquer cela plus en détail.

Caractéristiques Clés de la Blockchain

1. **Décentralisation :** Contrairement aux bases de données traditionnelles gérées par une entité centrale, la blockchain fonctionne de manière décentralisée. Chaque nœud du réseau a une copie identique de tout le registre, et chaque opération doit être validée.
2. **Transparence :** La blockchain est un livre de comptes public. Tout le monde peut voir toutes les transactions, assurant ainsi la transparence.
3. **Immutabilité :** Une fois qu'un enregistrement est ajouté à la blockchain, il est presque impossible de le modifier sans le consensus de la majorité des nœuds du réseau. Nous parlons de millions.
4. **Sécurité :** Les informations sur la blockchain sont stockées de manière sécurisée grâce à la cryptographie. Les clés privées et publiques garantissent l'authenticité des transactions.

5. **Confiance :** La technologie blockchain élimine le besoin d'intermédiaires et de tiers de confiance dans de nombreuses transactions. La confiance repose sur la technologie et les mathématiques plutôt que sur les institutions.

Utilisations de la Blockchain

En plus de son application dans les cryptomonnaies, la blockchain est utilisée dans une variété de domaines tels que l'approvisionnement alimentaire, la gestion de la chaîne d'approvisionnement, les dossiers médicaux, les votes électroniques, les contrats intelligents, et bien plus encore. Cette technologie change la façon dont nous stockons et partageons les données, fournissant une couche supplémentaire de sécurité et de transparence dans nos interactions numériques.

La blockchain est un outil puissant avec le potentiel de transformer la manière dont nous gérons nos systèmes et nos processus. En explorant le monde des cryptomonnaies et de l'analyse technique, comprendre cette technologie sera fondamental pour en saisir le fonctionnement.

On parle de la grande révolution de la technologie d'échange, un pas en avant par rapport à la technologie de l'information, qui a déjà radicalement changé notre monde à la fin du siècle dernier et au début de celui-ci.

Parlons un peu de DeFi et de NFTs

Une brève introduction à ces deux concepts pour que nous soyons fondamentalement informés, bien que ce ne soit pas l'objectif de ce livre, il est essentiel d'avoir ces connaissances. Je vous invite à explorer et à vous informer, il y a des centaines de pages d'informations à ce sujet.

Qu'est-ce que la Finance Décentralisée (DeFi)?

La finance décentralisée, communément appelée DeFi, est un terme qui fait référence à l'application de la technologie blockchain et des cryptomonnaies pour créer des systèmes financiers décentralisés. Contrairement aux finances traditionnelles, contrôlées par des institutions financières centralisées telles que les banques, les DeFi utilisent des contrats intelligents et la blockchain pour fournir des services financiers directement entre les parties, sans intermédiaires.

Cela signifie que dans un environnement DeFi, vous pouvez prêter, emprunter, échanger et investir dans des actifs numériques sans avoir besoin d'une banque ou d'une autre institution financière. Les services DeFi fonctionnent sur des réseaux blockchain tels qu'Ethereum et offrent une large gamme d'applications, du prêt et du commerce aux gains d'intérêt, et bien plus encore. Un des principes fondamentaux de DeFi est la transparence, car toutes les transactions et tous les contrats sont publics et vérifiables sur la blockchain. Je ne vais pas approfondir davantage. Je suggère simplement que si ce monde vous attire, recherchez des informations.

Qu'est-ce que les Tokens Non Fungibles (NFT) ?

Les tokens non fongibles, ou NFT, sont des actifs numériques uniques et indivisibles principalement utilisés dans le domaine de la collection, de l'art numérique et des jeux. Contrairement aux cryptomonnaies traditionnelles comme le Bitcoin ou l'Ethereum, qui sont échangeables entre elles en termes de valeur, les NFT représentent la singularité et la propriété exclusive d'un élément numérique.

Chaque NFT est stocké sur une blockchain, généralement sur Ethereum (bien que ces derniers temps d'autres comme Solana gagnent en popularité en raison de la réduction des coûts de transaction et de la scalabilité), et possède un ensemble de données spécifiques le distinguant des autres tokens. Par exemple, un NFT pourrait représenter une œuvre d'art numérique, un jeu vidéo, un objet de collection, ou même une pièce de musique. La singularité et la propriété exclusive d'un NFT sont confirmées par la technologie blockchain, permettant aux collectionneurs et aux propriétaires de prouver l'authenticité et la propriété d'un élément numérique spécifique.

Les NFT ont gagné en popularité dans le monde de l'art numérique et ont été utilisés pour acheter et vendre des pièces d'art uniques, ainsi que pour soutenir des projets créatifs dans diverses industries. La propriété d'un NFT est enregistrée de manière sécurisée sur la blockchain, fournissant une preuve de propriété et d'authenticité. Cela le rend attractif pour les collectionneurs et les artistes numériques. C'est un monde immense, de même je vous conseille d'explorer et de vous documenter, simplement parler des NFTs pourrait remplir un livre.

Exemples Pratiques dans les Cryptomonnaies Populaires

Bitcoin (BTC): *Le "or numérique" offre des modèles tels que le "double sommet" ou le "double creux" pour identifier des opportunités. L'analyse technique est applicable à cette cryptomonnaie.*

Ethereum (ETH): *Évaluez la force de la tendance d'Ethereum avec l'indice de force relative (RSI) et le MACD. Ces indicateurs aident à prendre des décisions éclairées.*

Ripple (XRP): *Identifiez les niveaux de support et de résistance sur le graphique de Ripple pour prévoir des obstacles ou des rebonds.*

Litecoin (LTC): *Observez des modèles tels que "épaule-tête-épaule" pour prendre des décisions sur le moment d'acheter ou de vendre Litecoin.*

Cardano (ADA): *Recherchez des modèles de consolidation sur les graphiques, tels que des triangles ou des drapeaux, pour anticiper des changements de tendance.*

Stellar (XLM): *Utilisez des moyennes mobiles pour identifier les tendances à long terme et les signaux d'achat ou de vente sur Stellar.*
Binance Coin (BNB): *Évaluez la volatilité sur le graphique de Binance Coin pour déterminer les moments opportuns d'entrée ou de sortie du marché.*
Polkadot (DOT): *Recherchez des modèles de consolidation, tels que des drapeaux ou des triangles, indiquant des ruptures futures dans le prix de Polkadot.*
Chainlink (LINK): *Utilisez l'analyse de Fibonacci pour identifier les niveaux clés de retracement et d'extension dans le prix de Chainlink.*
VeChain (VET): *Employez l'indicateur MACD pour évaluer la force de la tendance sur VeChain.*
Solana (SOL): *Recherchez des divergences dans l'oscillateur stochastique pour identifier d'éventuels points d'entrée sur Solana.*
Polygon (MATIC): *Appliquez l'analyse technique pour identifier des modèles d'inversion, tels que la "tête et épaules inversée", sur Polygon.*
Tezos (XTZ): *Observez le volume des transactions pour confirmer la validité d'une tendance sur Tezos.*

Conseils pour Trader les Cryptomonnaies

1. Diversification: *Ne placez pas tous vos fonds dans une seule cryptomonnaie ; diversifiez pour réduire les risques.*
2. Recherche Approfondie: *Comprenez la technologie, l'équipe de développement et les perspectives futures d'une cryptomonnaie avant d'investir.*
3. Utilisez les Ordres Stop Loss et Take Profit: *Établissez des ordres pour limiter les pertes et garantir les gains, en utilisant l'analyse technique.*
4. Restez à l'Affût des Nouvelles: *Les événements externes, tels que les réglementations gouvernementales ou les piratages d'échanges, peuvent avoir un impact significatif sur le marché des cryptomonnaies.*

5. Soyez Prudent avec les Altcoins: *Bien que de nombreuses altcoins aient du potentiel, elles sont plus volatiles et risquées que les principales cryptomonnaies telles que Bitcoin et Ethereum.*

6. Soyez Patient et Discipliné: *L'analyse technique vous aide à prendre des décisions basées sur les données plutôt que sur les émotions. Restez calme en période de volatilité et suivez votre plan de trading avec discipline.*

7. Considérez la Sécurité: La sécurité est une préoccupation majeure dans le monde des cryptomonnaies. Assurez-vous d'utiliser des portefeuilles sécurisés et de mener une enquête approfondie sur tout échange ou plateforme que vous utilisez.

Chapitre 7 : Élaborer un Plan de Trading Gagnant

Par Lucian Andreadis

Étape par Étape pour Créer un Plan de Trading Solide

Dans cette première section, je vais t'expliquer comment construire ton propre plan de trading solide. Je te guiderai à travers un processus étape par étape qui inclut la définition des objectifs, la gestion des risques, le choix des stratégies et l'évaluation de tes progrès. Un plan de trading bien structuré est essentiel pour réussir sur les marchés financiers.

Créer un plan de trading solide est fondamental pour réussir dans le monde du trading.

Étape 1: Définir tes Objectifs Financiers Le premier pas consiste à établir tes objectifs financiers. Qu'espères-tu réaliser avec le trading ? Cherches-tu des revenus supplémentaires, la stabilité financière ou la liberté de suivre ta passion ? Quel que soit ton objectif, il est important qu'il soit spécifique, mesurable, atteignable, pertinent et limité dans le temps (SMART, pour Specific, Measurable, Achievable, Relevant, Time-Bound). Ces concepts s'appliquent à tous les aspects de ta vie. Je ne fais que suivre le bon sens et te rappeler l'évidence.

Étape 2: Établir ta Tolérance au Risque La gestion des risques est essentielle dans le trading. Tu dois déterminer combien tu es prêt à risquer sur chaque transaction. Cela s'appelle ta tolérance au risque. Définis un pourcentage de ton capital que tu es prêt à risquer sur une seule transaction. Cela te protégera contre de grandes pertes et t'aidera à maintenir ton capital en sécurité.

Étape 3: Choisir tes Stratégies de Trading Une fois que tu connais tes objectifs et ta tolérance au risque, tu dois choisir les stratégies de trading qui correspondent le mieux à ton style et à tes objectifs. Te sens-tu plus à l'aise avec le day trading, le swing trading ou le position trading ? Quels instruments financiers t'intéressent, comme les actions, les devises ou les cryptomonnaies ? Définis tes préférences et stratégies pour avoir un guide clair lors de tes transactions.

Étape 4 : Établir des Règles Claires Les règles sont la base de ton plan de trading. Définis des règles spécifiques pour tes transactions, comme quand entrer et sortir du marché, comment gérer tes pertes et gains, et comment ajuster tes positions en fonction des conditions du marché. Ces règles t'aideront à prendre des décisions cohérentes.

Étape 5 : Pratiquer la Discipline et l'Autocontrôle La discipline et l'autocontrôle sont clés dans le trading, comme déjà vu dans ce livre. Respecte ton plan de trading et évite de prendre des décisions impulsives. Tiens un registre de tes transactions et évalue régulièrement tes performances. Apprends de tes erreurs et succès pour t'améliorer constamment.

Étape 6 : Ajuster ton Plan au Besoin Les marchés changent, et ton plan de trading doit être flexible. À mesure que tu gagnes de l'expérience, tu voudras peut-être ajuster ton plan pour t'adapter aux conditions changeantes. Il peut arriver un moment où tu passeras du "trading" au "hodling" parce que tu auras remarqué que le marché se refroidit ou vice versa. Il est crucial d'être attentif et dynamique.
Rappelle-toi que construire un plan de trading solide prend du temps et des efforts, mais c'est un investissement précieux dans ton avenir financier. Suis ton plan avec discipline et engagement, et tu seras sur la voie du succès dans le trading.

Éléments Clés d'un Plan de Trading

Il est très important d'établir des objectifs spécifiques, de gérer les risques de manière intelligente, de choisir des stratégies appropriées et de maintenir la discipline dans l'exécution de tes opérations. Je ne me lasserai pas de te le dire. Chaque jour, je rencontre des malheureux qui se sont laissés emporter par l'euphorie ou le pessimisme et sont tombés en dépression. Cela ne t'arrivera pas si tu respectes ce que nous te disons.

Un plan de trading efficace est composé de plusieurs éléments clés qui t'aideront à prendre des décisions cohérentes dans tes opérations. Voici les éléments les plus importants à inclure dans ton plan de trading:

1. **Définition des Objectifs :** Établis des objectifs financiers clairs et atteignables. Qu'espères-tu réaliser avec ton trading ? Cela peut inclure des objectifs de profits mensuels, annuels ou à long terme.
2. **Tolérance au Risque :** Détermine combien tu es prêt à risquer sur chaque transaction et comment tu géreras le risque. Cela inclut la fixation d'une limite de perte par transaction et une limite de perte quotidienne.
3. **Stratégies de Trading :** Décris les stratégies spécifiques que tu prévois d'utiliser dans tes opérations. Cela peut inclure l'analyse technique, l'analyse fondamentale, les modèles de prix, les indicateurs techniques et les cadres temporels.
4. **Règles d'Entrée et de Sortie :** Définis les conditions précises qui doivent être remplies avant d'entrer dans une transaction et les conditions qui déclencheront ta sortie. Ces règles peuvent être basées sur l'analyse technique, les signaux d'indicateurs ou des événements spécifiques du marché.
5. **Gestion de Positions :** Spécifie la taille de la position que tu prendras dans chaque transaction par rapport à ton capital total. Cela inclut la détermination du nombre de contrats, d'actions ou de lots que tu négocieras.

6. **Gestion des Risques :** Décris comment tu protégeras ton capital, y compris l'endroit où tu placeras les stops de perte, les niveaux de prise de profit et le rapport risque/récompense. Cela garantit que tes pertes sont limitées et que tes gains sont maximisés.

7. **Registre des Opérations :** Tiens un registre détaillé de chaque opération que tu effectues. Cela inclut la date, l'heure, l'instrument financier, la direction (achat ou vente), le prix d'entrée, le prix de sortie, la taille de la position et le résultat de l'opération.

8. **Évaluation et Ajustements :** Programme des évaluations régulières de ton plan de trading. Examine tes performances et envisage d'ajuster ton plan au besoin. Apprends de tes erreurs et succès pour améliorer ta stratégie avec le temps.

9. **Discipline et Contrôle Emotionnel :** Établis des règles strictes pour maintenir la discipline et éviter les décisions impulsives basées sur les émotions. La patience et l'autocontrôle sont essentiels pour réussir dans le trading.

10. **Plan de Contingence :** Anticipe les situations de marché inattendues et décris comment tu agiras en cas de volatilité extrême ou d'événements inattendus. Avoir un plan de contingence t'aidera à rester calme en période de crise.

11. **Éducation Continue :** Inclus une section sur la façon dont tu resteras informé et continueras à apprendre sur le trading. Cela peut impliquer la lecture de livres, la participation à des webinaires, l'inscription à des cours, etc.

Un plan de trading bien élaboré est essentiel pour maintenir la cohérence dans tes opérations et pour avoir des performances judicieuses. Assure-toi de suivre ton plan et de faire des ajustements au besoin pour t'adapter aux conditions changeantes du marché.

Exemples de Plans de Trading Réussis

Pour te donner une perspective pratique, je présenterai des exemples de plans de trading gagnants utilisés par des traders expérimentés. Ces exemples t'aideront à comprendre comment les concepts théoriques s'appliquent dans la réalité du trading.

Ces exemples que je te donne ci-dessous sont hypothétiques, mais ils illustrent comment un plan de trading efficace pourrait être structuré:

Exemple 1 : Swing Trading sur des Actionsç

Objectif : Obtenir des gains à moyen terme grâce à des opérations sur des actions.

- **Définition des Objectifs :** Je cherche un rendement annuel de 20 % dans mon portefeuille d'actions.
- **Tolérance au Risque :** Je suis prêt à risquer jusqu'à 2 % de mon capital sur chaque opération.
- **Stratégies de Trading :** J'utiliserai l'analyse technique pour identifier des tendances haussières sur des actions à grande capitalisation.
- **Règles d'Entrée et de Sortie :** J'entrerai dans une opération lorsque le prix d'une action casse une résistance clé et j'établirai un stop-loss à 5 % en dessous du point d'entrée et un take-profit à 10 %. Je sortirai de l'opération lorsque le prix atteindra mon objectif de gain, la limite de perte, ou lorsque l'analyse technique indiquera un changement de tendance.
- **Gestion de Positions :** La taille de ma position sera basée sur le risque maximum de 2 % par opération.
- **Registre des Opérations :** Je maintiendrai un registre détaillé de chaque opération, incluant le nom de l'action, la date d'entrée, le prix d'entrée, le prix de sortie et le résultat.

Exemple 2 : Day Trading sur le Forex (ou les Actions)

Objectif : Générer des revenus quotidiens grâce au day trading de paires de devises.

- **Définition des Objectifs :** Je cherche à gagner en moyenne 100 € par jour dans mes opérations de day trading.
- **Tolérance au Risque :** Je suis prêt à risquer jusqu'à 1 % de mon capital sur chaque opération.

- **Stratégies de Trading :** J'utiliserai des indicateurs techniques tels que le RSI et le MACD pour identifier des signaux de surachat et de survente sur des paires de devises.
- **Règles d'Entrée et de Sortie :** J'entrerai dans une opération lorsque le RSI sera au-dessus de 70 et que le MACD montrera une divergence baissière. J'établirai un stop-loss à 1 % en dessous du point d'entrée et prendrai des gains lorsque le prix atteindra l'objectif de 100 €.
- **Gestion de Positions :** La taille de ma position sera basée sur le risque maximum de 1 % par opération.
- **Registre des Opérations :** Je maintiendrai un registre détaillé de chaque opération, incluant la paire de devises, la date d'entrée, le prix d'entrée, le prix de sortie et le résultat.

Exemple 3: Position Trading sur les Contrats à Terme de Matières Premières

Objectif : Obtenir des gains à long terme grâce à des opérations sur les contrats à terme de matières premières.

• **Définition des Objectifs :** Recherche d'un rendement annuel de 15 % dans mon portefeuille de contrats à terme de matières premières.

• **Tolérance au Risque :** Prêt à risquer jusqu'à 5 % de mon capital dans chaque opération.

• **Stratégies de Trading :** Utilisation de l'analyse fondamentale pour identifier des tendances haussières dans les contrats à terme de matières premières telles que le pétrole brut et l'or.

• **Règles d'Entrée et de Sortie :** Entrer dans une opération lorsque les fondamentaux indiquent une augmentation de la demande d'une matière première. Établir un stop-loss à 5 % en dessous du point d'entrée et prendre des bénéfices lorsque le prix atteint un niveau prédéterminé ou lorsque les fondamentaux changent.

• **Gestion des Positions :** La taille de ma position sera basée sur le risque maximum de 5 % par opération.

• **Registre des Opérations :** Tenir un registre détaillé de chaque opération, incluant le contrat à terme, la date d'entrée, le prix d'entrée, le prix de sortie et le résultat.

Ces exemples sont purement hypothétiques et doivent être adaptés à votre situation personnelle, niveau d'expérience et préférences. Il est essentiel de suivre votre plan de trading avec discipline et d'apporter des ajustements au besoin.

Assurez-vous de mener une recherche appropriée avant de prendre des décisions de trading ou d'investissement. En fonction de votre profil d'investisseur et de votre tolérance au risque, vous devez élaborer votre propre stratégie, mais une fois que vous l'avez, respectez-la, suivez les paramètres et les règles que vous vous êtes fixés, et ne les modifiez pas.

Adaptez Votre Plan de Trading à Vos Besoins

Chaque trader est unique, et votre plan de trading doit s'adapter à vos besoins et à votre style personnel. Dans cette section, je vous donnerai des conseils sur la personnalisation de votre plan de trading pour qu'il corresponde à vos objectifs financiers et à vos préférences.

Les Stratégies d'Investissement Peuvent Varier Selon Vos Objectifs et Votre Tolérance au Risque.

Voici quelques stratégies générales qui pourraient s'appliquer à l'investissement dans des valeurs espagnoles:
1. **Investissement à Long Terme:** Acheter des actions avec l'intention de les conserver pendant une période prolongée, généralement plusieurs années ou plus.
2. **Investissement en Dividendes:** Si vous recherchez des revenus réguliers, envisagez d'investir dans des actions qui versent des dividendes constants.
3. **Stratégies de Valeur:** Rechercher des actions considérées comme sous-évaluées par rapport à leurs fondamentaux.
4. **Investissement dans des Secteurs Spécifiques :** Concentrez-vous sur des secteurs spécifiques qui vous intéressent et que vous connaissez bien.

5. **Diversification:** La diversification est essentielle pour réduire le risque. Ne mettez pas tous vos œufs dans le même panier, construisez plutôt un portefeuille diversifié avec une variété d'actifs.

6. **Analyse Technique et Fondamentale:** Combinez l'analyse technique (évaluation des graphiques et tendances) avec l'analyse fondamentale (évaluation des fondamentaux financiers) pour prendre des décisions d'investissement.

7. **Gestion des Risques:** Établissez des limites claires quant à la somme que vous êtes prêt à investir et au risque que vous êtes prêt à prendre dans chaque opération.

8. **Suivi Continu :** Surveillez constamment vos investissements et ajustez votre portefeuille au besoin.

N'oubliez Pas que Toutes les Stratégies d'Investissement Comportent des Risques.

Rappelle-toi que toutes les stratégies d'investissement comportent des risques, et il est important que tu fasses tes propres recherches avant de prendre des décisions d'investissement. De plus, tiens compte de ce commandement supplémentaire : "Les performances passées ne garantissent pas les performances futures", alors ne te laisse pas influencer par ce qui s'est passé dans le passé.

Message Motivant pour Établir Tes Propres Plans

Chaque trader réussi a commencé avec un plan. Peu importe si tu es nouveau dans le monde du trading ou un investisseur expérimenté : un plan de trading bien structuré est ta feuille de route vers le succès financier, garde-le à l'esprit. La clé réside dans la préparation, la discipline et la volonté d'apprendre et de t'adapter au fur et à mesure que tu avances.

J'espère que toutes ces notions et concepts de base et très importants t'ont été mémorisés avec cet apprentissage répétitif.

Prends des notes et commence à construire ton propre plan de trading positif !

Établir ton propre plan de trading est une étape cruciale dans ton parcours en tant qu'investisseur, et la motivation est la clé pour avancer. Voici quelques raisons motivantes pour créer ton plan de trading :

1. **Contrôle Financier :** Un plan de trading te donne un plus grand contrôle sur tes investissements. Tu peux établir des règles claires et des objectifs spécifiques pour tes opérations, ce qui t'aidera à éviter les décisions impulsives.
2. **Discipline :** La discipline est essentielle dans le trading. Un plan t'oblige à t'en tenir à ta stratégie, même lorsque les émotions tentent de dominer. La discipline est la base du succès à long terme.
3. **Réduction des Risques :** Un plan bien structuré inclura des stratégies de gestion des risques. Cela te protégera contre des pertes significatives et garantira que tu n'engages pas plus que ce que tu peux te permettre de perdre.
4. **Objectifs Clairs :** Un plan de trading te permet d'établir des objectifs financiers clairs. Savoir ce que tu veux accomplir te donnera une direction et un but dans tes opérations.
5. **Amélioration Continue :** Un plan te donne l'opportunité d'évaluer et d'améliorer constamment tes stratégies. Tu peux apprendre de tes opérations passées et ajuster ton approche pour obtenir de meilleurs résultats à l'avenir.
6. **Confiance en Soi :** En ayant un plan solide et en le suivant, tu gagneras confiance en tes compétences d'investissement. La confiance en soi est cruciale pour prendre des décisions rationnelles.
7. **Indépendance Financière :** Un trading bien exécuté peut être une source de revenus significative. Un plan bien élaboré te rapproche de l'indépendance financière et de la liberté de prendre des décisions financières.

8. **Apprentissage Constant :** Le trading est un domaine en constante évolution. Créer et suivre un plan t'encourage à continuer d'apprendre et à t'adapter aux nouvelles tendances et opportunités du marché.

9. **Réussite Personnelle :** En établissant et en atteignant tes objectifs de trading, tu ressentiras un grand sentiment de réussite. Tu verras que tes efforts se traduisent par des résultats tangibles.

10. **Liberté de Choix :** Le trading te donne la flexibilité de choisir comment, quand et où travailler. Tu peux adapter ton plan de trading pour qu'il corresponde à ton style de vie.

N'oublie pas que la motivation est essentielle pour rester concentré sur ton plan de trading. Essaie de t'encourager et de cultiver ta passion pour le trading et tes objectifs financiers à mesure que tu avances dans ton parcours de connaissances. Garde une mentalité positive, fais preuve de discipline et continue d'apprendre pour améliorer tes compétences chaque jour. C'est ce qui te mènera vers l'indépendance financière tant désirée.

Chapitre 8 : Conclusion et Prochaines Étapes

Par Liam Kim Admund

Ce chapitre marque la fin de notre livre et offre un résumé des enseignements. Nous espérons vous avoir orienté vers vos prochaines étapes dans le monde de l'analyse technique et chartiste. Continuez avec ce chapitre, et vous serez plus près de commencer votre parcours en tant que trader!

Résumé des Connaissances Clés

Tout au long de ce livre, nous avons exploré le monde passionnant de l'analyse technique et chartiste. Nous avons décomposé des concepts essentiels et révélé des outils avancés qui vous aideront à prendre des décisions financières plus judicieuses, conscientes et fondées.

Voici un bref résumé de ce que vous avez appris:

1. **Concepts Fondamentaux:** Vous avez acquis une compréhension solide de concepts clés tels que les types de graphiques, les lignes de tendance, le support et la résistance, ainsi que l'importance des modèles de prix dans la prise de décisions en trading.
2. **Outils Puissants:** Nous vous avons introduit à des outils et approches avancés, de l'utilisation d'indicateurs techniques à l'analyse du volume. Une fois que vous maîtriserez ces outils de base, vous pourrez vous intéresser à l'analyse intermarchés, au flux des ordres et à l'analyse fractale, qui vous permettront de porter votre analyse technique à un niveau supérieur. Peut-être dans notre prochain livre, bien que ce ne soit pas encore programmé. Cependant, il y a beaucoup d'informations à ce sujet en ligne. Notre conseil est de ne pas accumuler trop d'informations pour le moment, expérimentez avec ces indicateurs et modèles, qui constituent déjà une bonne base pour réussir. Passez au niveau suivant seulement quand vous les maîtriserez.

3. **Gestion des Risques et Psychologie du Trading:** Vous comprenez maintenant que la gestion des risques est essentielle et que la psychologie du trading joue un rôle crucial dans vos décisions d'investissement. Vous avez appris des stratégies pour maintenir la discipline et êtes devenu un trader émotionnellement intelligent.
4. **Application aux Cryptomonnaies:** Nous avons survolé ces actifs très volatils et vu comment l'analyse technique et chartiste s'applique spécifiquement aux cryptomonnaies, en vous fournissant des exemples pratiques et des conseils spécifiques pour l'excitant monde du trading de cryptomonnaies.
5. **Construction d'un Plan de Trading Solide:** Vous avez acquis des connaissances sur les éléments clés d'un plan de trading solide et avez vu des exemples concrets de plans réussis. Nous avons également partagé des stratégies applicables aux valeurs espagnoles et européennes.
6. **Motivation pour la Poursuite de l'Exploration:** Nous vous encourageons à ne pas vous arrêter ici, mais à continuer d'explorer et d'améliorer vos compétences en trading. Le monde financier est en constante évolution, et il y a toujours des opportunités pour apprendre et grandir.

Ce livre a été votre guide dans le voyage de l'analyse technique et chartiste, et il vous appartient maintenant de continuer à explorer, à pratiquer et à perfectionner vos compétences. Persévérez dans ces concepts avant d'aller plus loin, et une fois que vous aurez passé le test, allez de l'avant, ne cessez jamais d'acquérir des connaissances.

Incitation à Poursuivre l'Exploration de l'Analyse Technique

En arrivant à la fin de ce livre, vous avez fait un pas significatif dans votre parcours vers l'analyse technique et chartiste. Vous avez acquis des connaissances essentielles qui vous permettront de prendre des décisions financières, mais cela n'est qu'un début passionnant de votre apprentissage.

Le monde financier est dynamique et toujours changeant. Les marchés évoluent, de nouvelles technologies et actifs financiers émergent, et les opportunités d'investissement varient avec le temps. C'est pourquoi, une fois que vous aurez dépassé ce niveau, nous vous encourageons à continuer d'explorer et d'appliquer l'analyse technique sur votre chemin vers le succès financier.

Voici quelques raisons de continuer à apprendre et à appliquer l'analyse technique:

1. **Maîtrise Continue:** Comme dans toute discipline, la pratique constante et l'apprentissage continu vous transformeront en expert. Plus vous pratiquerez et appliquerez l'analyse technique, meilleure sera votre interprétation des graphiques et des modèles, votre identification des opportunités et votre gestion des risques.
2. **Adaptation aux Changements du Marché:** Les marchés financiers sont changeants. Les stratégies qui ont fonctionné par le passé peuvent ne pas être efficaces à l'avenir. Grâce à l'apprentissage continu, vous serez prêt à vous adapter à de nouvelles conditions et tendances sur le marché.
3. **Diversification des Compétences:** À mesure que vous explorerez davantage l'analyse technique, vous pourrez diversifier vos compétences en tant que trader. Vous apprendrez à appliquer différentes approches et stratégies dans une variété de situations de marché. Utilisez le RSI, le MACD, Fibonacci, les moyennes mobiles, les principales figures chartistes et le volume.
4. **Opportunités d'Investissement:** Plus vous comprendrez l'analyse technique, plus vous pourrez identifier d'opportunités d'investissement. Que ce soit dans les actions, les devises, les cryptomonnaies ou tout autre actif, l'analyse technique vous fournit une base solide pour prendre des décisions opportunes.

5. **Indépendance Financière:** La capacité de prendre vos propres décisions financières est une voie vers l'indépendance financière. L'analyse technique vous donne les outils nécessaires pour gérer votre propre argent et construire votre chemin

6. **Partager et Collaborer:** Envisagez de rejoindre des communautés de trading, des forums ou des groupes en ligne. Partager vos expériences et apprendre des autres traders peut être une source précieuse de connaissance et de soutien.

7. **Établissement d'Objectifs Clairs:** À mesure que vous progressez dans votre parcours, il est fondamental d'établir des objectifs financiers clairs. Savoir ce que vous souhaitez accomplir et créer un plan pour y parvenir vous maintiendra concentré et motivé.

8. **Développement de Stratégies Personnelles:** Avec le temps, vous pouvez créer et perfectionner vos propres stratégies de trading basées sur vos préférences et votre style personnel. Cela vous donne un plus grand contrôle sur vos décisions d'investissement.

Nous vous encourageons à considérer ce livre comme le tremplin qui vous propulse dans un monde rempli d'opportunités financières. Votre potentiel en matière de trading est illimité si vous continuez d'apprendre, de pratiquer et d'appliquer vos connaissances avec détermination.

Alors allez-y, continuez d'explorer, continuez d'apprendre et continuez d'avancer dans votre parcours de trading. Le futur financier que vous désirez est à portée de main, et nous sommes sûrs que vous y parviendrez avec succès.

Un Dernier Message pour Conclure:

À chaque page de ce livre, vous avez découvert des connaissances qui vous rapprochent de vos objectifs financiers. Vous avez révélé les secrets de l'analyse technique et chartiste, démystifié des concepts et appris des stratégies efficaces. En résumé, vous avez fait des pas significatifs sur votre chemin vers le succès dans le trading. N'oubliez pas que les opportunités financières sont infinies, et maintenant vous avez les outils nécessaires pour les saisir.

Rappelez-vous, le trading est un art qui combine compétence, connaissance et détermination. Vous êtes capable de forger votre propre chemin vers l'indépendance financière, et personne ne peut vous arrêter sauf vous-même. Le succès dans le trading ne vient pas du jour au lendemain, mais chaque jour d'apprentissage vous rapproche davantage de vos objectifs. Alors, continuez d'explorer, continuez de pratiquer et, surtout, continuez de croire en vous-même! Dans votre voyage, vous rencontrerez des défis, mais ce sont des opportunités déguisées. Chaque perte est une leçon et chaque victoire vous rapproche davantage de vos objectifs. Ne vous arrêtez pas!

Continuez d'avancer avec détermination, persévérance et confiance. Profitez du pouvoir de l'analyse technique et chartiste pour créer un avenir financier brillant.

Épilogue

Par Lucian Andreadis et Liam Kim Admund

Nous sommes arrivés à la fin de ce voyage à travers les mystères et les secrets de l'analyse technique et chartiste. Tout au long de ce livre, vous avez exploré le vaste monde des investissements et du trading, apprenant à analyser des graphiques, comprendre des motifs de prix et développer des stratégies efficaces. Vous avez remis en question des mythes courants et exploré la psychologie de l'investisseur.

Maintenant, après avoir parcouru ce voyage passionnant, il est fondamental de comprendre que l'apprentissage ne se termine jamais. Le monde financier est dynamique et en constante évolution, et en tant qu'investisseur ou trader, vous devez rester à jour et en constante croissance.

Les compétences que vous avez acquises tout au long de ce livre sont précieuses, mais pour continuer à progresser et réussir dans le monde des investissements, vous devez appliquer de manière constante ce que vous avez appris. La pratique et la patience sont des clés pour le succès continu sur ce chemin.

Ce n'est pas la fin, mais plutôt le début de votre voyage. À mesure que vous vous aventurez dans le monde des investissements et du trading, vous rencontrerez des situations difficiles et des moments d'incertitude. Mais n'oubliez pas, chaque défi est une opportunité pour apprendre et grandir.

En suivant les leçons de ce livre, vous pouvez développer une mentalité d'investisseur forte et émotionnellement intelligente. Vous pouvez prendre des décisions judicieuses et opportunes plutôt que de réagir impulsivement aux fluctuations du marché. Vous pouvez créer des stratégies efficaces et maintenir une discipline solide.

Continuez d'explorer, continuez d'apprendre et, surtout, continuez d'investir en vous-même. Les récompenses financières font partie excitante de ce voyage, mais la découverte de soi et la croissance personnelle sont tout aussi précieuses.

Alors, nous vous encourageons à continuer d'explorer des ressources supplémentaires, à assister à des séminaires, à rejoindre des communautés d'investisseurs et à continuer de perfectionner vos compétences en analyse technique et chartiste. C'est votre voyage, et vous seul pouvez décider jusqu'où il vous mènera.

Merci de vous être joint à nous dans cette aventure passionnante.
Que vos investissements soient toujours judicieux et vos succès financiers continus.

À bientôt et bonnes opérations !
Liam et Lucian.

Glossaire des termes

1. **Analyse Fondamentale:** Méthode d'évaluation des actifs financiers basée sur des facteurs économiques et financiers de l'entreprise émettrice. Cette approche examine des aspects fondamentaux tels que les revenus, les bénéfices, les dettes et d'autres indicateurs économiques pour déterminer la valeur intrinsèque d'un actif.

2. **Analyse Technique:** Méthode d'évaluation des actifs financiers basée sur l'étude de données statistiques générées par l'activité du marché, telles que les prix et les volumes. Elle utilise des outils graphiques et des motifs historiques pour prévoir les mouvements futurs des prix.

3. **Bandes de Bollinger:** Indicateur évaluant la volatilité et les niveaux de surachat/survente. Il se compose de deux bandes entourant le prix d'un actif, indiquant des niveaux où le prix pourrait être considéré comme élevé ou bas par rapport à son comportement passé.

4. **Chartiste:** Méthode utilisant l'analyse graphique (graphiques, motifs) pour prendre des décisions d'investissement. Les chartistes se concentrent sur l'identification de motifs, de lignes de tendance et d'autres éléments visuels dans les graphiques pour prévoir les mouvements des prix.

5. **Contrat Intelligent:** Code autonome qui exécute automatiquement des accords sur la blockchain. Utilisé dans les finances décentralisées (DeFi), ces contrats s'exécutent automatiquement sans nécessiter d'intermédiaires, en se basant sur des conditions prédéfinies.

6. **Cryptomonnaies:** Actifs numériques décentralisés tels que Bitcoin et Ethereum. Ils utilisent la cryptographie pour garantir la sécurité et permettent des transactions transparentes sans besoin d'intermédiaires financiers.

7. **DeFi (Finances Décentralisées):** Système financier sans intermédiaires traditionnels, basé sur des contrats intelligents sur la blockchain. Il permet des transactions financières de manière transparente et automatisée sans dépendre des institutions financières conventionnelles.

8. **Double Top:** Motif de retournement baissier. Il se forme lorsque le prix atteint un pic deux fois consécutives et ne peut pas dépasser ce niveau, indiquant un possible changement de tendance à la baisse.

9. **Retracement de Fibonacci:** Outil technique utilisant des lignes horizontales pour indiquer des zones de support ou de résistance possibles aux niveaux clés de Fibonacci. Il se base sur les ratios de Fibonacci pour prévoir les niveaux où le prix pourrait inverser sa direction.

10. **GAP:** Écart dans le graphique des prix indiquant un changement soudain de la valeur d'un actif. Il peut survenir en raison d'événements inattendus, tels que des nouvelles importantes, et est souvent considéré comme une zone significative dans l'analyse technique.

11. **Gestion des Risques:** Stratégies visant à protéger le capital d'investissement contre d'éventuelles pertes. Elle comprend des techniques telles que la fixation de stop-loss, la diversification des actifs et le calcul attentif de la taille des positions.

12. **Graphique en Barres:** Représentation graphique montrant les prix d'ouverture, de clôture, le plus haut et le plus bas. Chaque barre verticale représente une période spécifique et fournit des informations détaillées sur l'action des prix.

13. **Graphique en Lignes:** Représentation graphique simplifiée montrant l'évolution du prix au fil du temps. Il relie les prix de clôture d'une période avec des lignes, offrant une vue d'ensemble de la tendance de l'actif.

14. **Graphique en Bougies:** Représentation graphique des mouvements de prix sur une période spécifique, indiquant l'ouverture, la clôture, le plus haut et le plus bas. Les bougies fournissent des informations détaillées sur l'action des prix et sont largement utilisées dans l'analyse technique.

15. **Épaule-Tête-Épaule Inversée:** Motif de retournement haussier. Il se forme après une tendance baissière et suggère un possible changement vers une tendance haussière. Il se compose de trois pics, le central étant plus bas que les deux latéraux.

16. **Indicateurs Techniques:** Outils mathématiques appliqués aux prix et aux volumes pour prévoir les mouvements futurs du marché. Ils incluent des indicateurs tels que le RSI, les moyennes mobiles et les Bandes de Bollinger.

17. **Inflation:** Augmentation généralisée et soutenue des prix des biens et services. L'inflation affecte le pouvoir d'achat de la monnaie, diminuant la valeur réelle de l'argent avec le temps.

18. **Lignes de Tendance:** Représentation graphique reliant des points significatifs dans un graphique, révélant la direction générale du marché. Les lignes de tendance peuvent indiquer la force ou la faiblesse d'une tendance.

19. **MACD (Convergence/Divergence des Moyennes Mobiles):** Indicateur suivant la tendance et montrant la relation entre deux moyennes mobiles. Il peut aider à identifier la force d'une tendance, ainsi que des points possibles de retournement.

20. **Marteau:** Motif de retournement haussier. Il se forme à la fin d'une tendance baissière et suggère un possible changement vers une tendance haussière. La bougie a un petit corps et une longue ombre inférieure.

21. **NFT (Tokens Non Fongibles)** Actifs numériques uniques et indivisibles enregistrés sur la blockchain. Les NFT représentent la propriété numérique d'objets tels que l'art, la musique ou les jeux vidéo, en utilisant la technologie blockchain pour garantir leur authenticité.

22. **Motif de Continuation:** Formation sur le graphique indiquant la probabilité que la tendance actuelle se poursuive. Ces motifs suggèrent qu'après une pause, la tendance prédominante reprendra.

23. **Motif de Retournement:** Formation sur le graphique indiquant un changement dans la direction de la tendance. Les motifs de retournement signalent un possible changement dans la dynamique du marché.

24. **Psychologie du Marché:** Étude des émotions et comportements influençant les décisions financières des investisseurs. Comprendre la psychologie du marché est crucial pour anticiper les réactions du marché aux événements et tendances.

25. **RSI (Indice de Force Relative):** Indicateur mesurant la vitesse et le changement des mouvements de prix. Il est utilisé pour évaluer si un actif est suracheté ou survendu, ce qui peut indiquer des points possibles de retournement.

26. **Swing Trading:** Stratégie de trading visant à profiter des oscillations ou "swings" dans le prix d'un actif. Les swing traders cherchent à capturer des gains sur des mouvements de prix à court et moyen terme.

27. **Tendance:** Direction générale dans laquelle évolue le marché ou une valeur. Elle peut être haussière, baissière ou latérale, et comprendre la tendance est essentiel pour prendre des décisions correctes en matière d'investissement.

28. **Triangle Ascendant:** Motif de continuation haussière. Il se forme lorsqu'il y a une ligne de résistance horizontale et une ligne de tendance haussière convergente, indiquant une possible augmentation des prix.

29. **Croix Dorée:** Événement où une moyenne mobile à court terme croise à la hausse une moyenne mobile à long terme. Cette croix suggère un possible changement dans la direction de la tendance et est étroitement surveillée par les analystes techniques.

Références Bibliographiques

◆ Amat, O., & Puig, X. (1990). *Análisis técnico bursátil.* Ediciones Gestió 2000 SL.

◆ Antonopoulos, A. M. (2017). *Internet del Dinero.* Edit. Merkle Bloom LLC.

◆ Ajram, J. (2011). *Ganar en la bolsa es posible.* Edit. Plataforma Empresa.

◆ Cano, J. R. (1994). *Manual de la Inversión en bolsa.* Inversor Ediciones.

◆ Codina, J. (1994). *Manual de análisis técnico.* Edit. Inversor Ediciones SL.

◆ De Kelety Alcaide, A. (1990). *Análisis y evaluación de inversiones.* Edit. EADA GESTION, Escuela de Alta Dirección y Administración.

◆ G. Fernández Abascal, E., García Rodríguez, B., Jiménez Sánchez, M. P., Martín Díaz, D., & Domínguez Sánchez, F. J. (2011). *Psicología de la emoción.* Editorial Universitaria Ramon Areces. UNED.

◆ Gaviria, E., López, M., & Cuadrado, I. (2013). *Introducción a la psicología social.* Edit. Sanz y Torres UNED.

◆ Kelety Alcaide, A. de. (1990). *Análisis y evaluación de inversiones.* Edit. EADA GESTION, Escuela de Alta Dirección y Administración.

◆ Mateu Gordon, J. L. (2003). *Análisis Técnico de los mercados financieros.* Edit. Instituto Superior de Prácticas y Técnicas Bancarias.

◆ Pellón, R., Miguéns, M., Orgaz, C., Ortega, N., & Pérez, V. (2014). *Psicología del aprendizaje.* Editorial UNED.

◆ Pring, M. (1994). *Connaître l'analyse Graphique.* Le Journal de Finances.

◆ Rotella, B., & Cullen, B. (2016). *El golf no es el juego de la perfección.* Edit. Simon & Shuster, New York.

◆ Sánchez, A., & Paniagua, E. (2005). *Introducción al estudio de las diferencias individuales.* Edit. Sanz y Torres.